轻松留学加拿大

AI 时代的教育与职业规划

Education and career planning
for studying in Canada in the AI era

[加拿大] 朱　凡　著

中国商务出版社

·北京·

图书在版编目（CIP）数据

轻松留学加拿大：AI 时代的教育与职业规划 =
Education and career planning for studying in
Canada in the AI era ／（加）朱凡著. -- 北京：中国
商务出版社，2024.11. -- ISBN 978-7-5103-5479-3

Ⅰ. G649.711.8

中国国家版本馆 CIP 数据核字第 2024SP2796 号

轻松留学加拿大：AI 时代的教育与职业规划

[加拿大] 朱　凡　著

出版发行：中国商务出版社有限公司
地　　址：北京市东城区安定门外大街东后巷 28 号　邮　　编：100710
网　　址：http://www.cctpress.com
联系电话：010—64515150（发行部）　　　010—64212247（总编室）
　　　　　010—64243656（事业部）　　　010—64248236（印制部）
责任编辑：李自满
排　　版：北京天逸合文化有限公司
印　　刷：北京九州迅驰传媒文化有限公司
开　　本：710 毫米×1000 毫米　1/16
印　　张：11.25　　　　　　　　　　　　字　　数：170 千字
版　　次：2024 年 11 月第 1 版　　　　　印　　次：2024 年 11 月第 1 次印刷
书　　号：ISBN 978-7-5103-5479-3
定　　价：68.00 元

朱凡博士是我在暨南大学读研究生时的师兄。37 年前，我硕士毕业而与继续攻博的朱凡师兄暂别后，被分配到机关工作，后来移民，在加拿大做了 20 年华文媒体人。收到朱博士发来的书稿，有幸先睹为快的我，十分乐意向学生、家长、教育工作者以及其他读者分享推荐这本书。

重视教育，信奉知识改变命运，是海内外华人的传统和美德。接受好的教育、找份好的工作，相信是一代代过来人孩童时的企盼及不少人曾走过的一段人生轨迹。为什么要读书、选专业？"职业规划"又是什么？这可能是我们许多过来人、学生及家长未曾细想的问题。早年，我作为上山下乡知识青年时做过一段时间的乡村小学老师，华南师范大学本科毕业后被分配到一所广东省重点中学任教两年，读研究生时曾为业余大学、夜大学学生授过课，可以说多少对中国教育体制、模式、方法有切身体验，对这种教育体制的优劣利弊及其与加拿大学校的差异性有所认识。中国改革开放后恢复高考的新三届直至九十年代初大学毕业生，在当时的计划体制之下，几乎与他们的前辈一样，从报学校、读专业到学成毕业，是"一颗红心两手准备"，"响应号召，到祖国最需要的地方去"，由组织安排，一纸报到通知定去向，几乎没有个人意愿、自主选择可言。市场经济大浪潮冲击的今天，这种情况已得到根本性改变，但日益"内卷"的学校教育、职业选择压力，使学生及家长对读哪所学校、选什么专业、毕业后是考公考编或入大厂、到哪个城市就业等一系列问题产生了焦虑，不少人都在"赚多少钱"的功利指挥棒下转。许多家长学生是"急就章"式、碎片化的就业咨询，离真正意义上系统化的职业教轻松留学加拿大：
AI时代的教育与职业规划 ------------------------------------●

育及规划尚有相当差距，更难谈兴趣爱好、潜能发展和职业目标，这使不少学生及家长在权衡读书投入"性价比"得失中颇有挫伤感。在市场经济发达、崇尚个人追求的加拿大，对有意未来就业定居的中国留学生来说，重视和做好"职业规划"之重要性就更加不言而喻了，因为，"职业规划"实际上锚定了自己的人生目标和方向，进而一定程度上影响个人从中学到大学期间对学校和专业的抉择、取舍，左右其未来的职场发展甚至人生道路。正如朱博士在书中开宗明义所说的："强调提前进行职业规划，避免大学阶段才意识到规划的重要性，从而陷入被动的局面"，"毕竟，读书是为了将来能找到一份好工作"。庆幸的是，加拿大学校中的"职业规划"教育体系十分完善、成熟，就如朱博士指出的"加拿大的教育体系提供了丰富的职业教育资源，让孩子们在早期就能找到自己的兴趣和方向，这不仅让他们的学习更加有动力，也为他们的未来职业生涯打下坚实的基础。"

回想起来，我两个毕业于加拿大多伦多大学的女儿，都顺利地进入理想的机构、公司工作，在职场上发展顺利、专业技能得到充分运用，可以说在学校接受的"职业规划"教育、辅导功不可没！尤其是小女儿，在加拿大本地出生，小学阶段是被人称为自我放飞、按兴趣读书式教育，但她在这个阶段找到了自己的潜力特长、意趣所在及未来目标；读到 11 年级（相当于中国学校的高中二年级）时，就开始接受"职业规划"课程教育，并通知家长到校开会、与辅导老师见面，了解孩子的兴趣和意向，分析其学业、能力、性格、职场态势，指导选择大学修读专业方向、对应设计 12 年级需选修学分课程。一路操作下来，家长和学生对未来学业、职业方向明确，中学选修与大学专业预科课程实现有效衔接，确保小孩顺利转入大学学习和按照规划走入职场。我的大女儿现在每年还受邀回多伦多大学为同专业学生开讲座，介绍专业的职场动态、应聘技巧，进行职业规划咨询辅导。正如朱博士在书中指出："加拿大的教育体系提供了丰富的职业教育资源，让孩子们在早期就能找到自己的兴趣和方向，这不仅让他们的学习更加有动力，也为他们的未来职业生涯打下坚实的基础"，"利用好加拿大丰富的职业教育资源，可以让学生在未来的学业和职业发展中更有目标，更加明确"。读罢这本新著书稿，我拍案称好之余，一种"相见恨晚、失之交臂"的感觉也从心底油然而生：书中详尽讲述介绍的，不正是我们儿女"职业规划"教育全内容、全过程的细致、完整的写照吗?！其兼具理论的进一步升华和程序、步骤的梳理综合，将引领我们家长、学生在设定未来目标以及选择专业方向、专业出路的"职业规划"路上走得更顺畅，达到书中期望的"通过合理的规划和选择，学生可以在加拿大的教育体系中找到最适合自己的发展道路，实现个人和职业的双重成功"。早日有这本书在手，就会少走很多弯路。而根据最新统计数据，由于经济不景气、移民系统失控，加拿大最近的失业率已由过去低于5%飙升至6.4%的新高，其中15~24岁青年失业率更上升至12.8%，职场"内卷"越发严重，数百人连夜排队应聘快餐店、咖啡店、商场有限的几个岗位已成一种新常态。新移民、青少年找工作的挑战已经越来越大，加上加拿大政府的工作签证政策摇摆不定，学生、留学生要增强自己的竞争力进而将命运主动权掌握在自己手中，尽早做好"职业规划"确实更为迫切。朱博士这本新作，无疑是学生和家长求之若渴的"及时雨""指南针"！

与朱凡博士重聚多伦多后，凭借昔日同窗校友的"近水楼台先得月"之便，我得到了他新出版并签名分享的多本留学加拿大系列书籍。现场聆听过他在华人社区的公益讲座辅导，还在我主编的《加拿大商报》头条刊登对他的访谈，从中明白了他十几年辛勤写作的"予人为乐、与己而乐"初心和追求，看到了一种受过专业学术训练学者严谨、负责、求真、求实的治学立说精神。他的每本书都力求信息准确、可操作性强、理论自成体系，又前后呼应、层层递进，保持了系列丛书的连贯性。这本《轻松留学加拿大：AI时代的教育与职业规划》，可以说是他留学系列丛书的自然延伸和升华，将之前中学、大学、研究生主题各书中的入学申请、选专业、选学校、选课程、选导师、移民居留等类的"规划"最终聚焦在"职业规划"上，指导学子经历寒窗苦读后如何能收获应有的人生果实，就如朱博士书中提到的："其实，无论是专业方向、专业出路，还是就业方向、就业出路，都是希望毕业后能有更好的就业机会。了解专业出路，说白了就是要认识专业和认识未来的职业。"因而，在加拿大留学以至在中国国内就读的学生、家长或其他读者，都不应错过这本新作。

我个人认为，《轻松留学加拿大：AI时代的教育与职业规划》一书的鲜明特色在于：首先，在成书体例、谋篇布局上，朱博士传承了他的留学系列丛书风格，循序渐进地从确定主题、提出问题，到系统分析问题、提出解决应对的理论依据、方法策略、操作指南、可用社会资源，从而成为准留学生、留学生、家长以至青少年、教育工作者手中极具指导作用的"职业规划"参考书、工具书；其次，在写作风格上，朱博士以资深学者的专业眼光、服务留学生及家长的经验体会，近距离洞察他们的所思、所想、所求，在书中以案例分析、学生问答、专家对话、教授讲解等生动活泼的形式，讲故事、摆事实，以点带面、点面结合，巧妙地把理论性、实操性、趣味性有机融为一体，将人们关注或可能遇到的疑难问题解答于无形中，可读性、操作性极强；最后，更需要提出的是，朱博士前瞻性地引入人工智能科技 AI 浪潮对职业发展带来的影响和机遇这个新话题，创新了传统教育、职业类著述的内容。毕竟，汹涌而来的人工智能科技 AI 已经全球性地颠覆人类思维和行为模式，重组未来职业市场结构和对从业者的知识技能需求，该如何去应对？朱博士在该书中，告诫学生要及早抓住 AI 前沿教育的机遇，"选择自己擅长的专业，同时开阔视野，关注与自己专业相关的 AI 动态及应用，这样未来可能会更具竞争力"。这是他洞察先机、与时俱进的过人之处，也是该书的一大亮点。

　　最后，以我在加拿大从事媒体业逾二十年的目光所及，如此系统钻研加拿大教育并且硕果累累、著作等身的学者，朱博士无疑是加拿大的第一人！研读他的留学系列著作，无数学子及我本人已经受益匪浅，这里借又一新著付梓之际，与广大读者分享。

黄学昆

2024 年 8 月于多伦多

　　黄学昆，《加拿大商报》副总编辑，华南师范大学哲学学士（1982 年）、暨南大学经济学硕士（1987 年）。曾在广东省人民政府办公厅调研室、驻香港澳门中资公司和中国上市公司任职。近年出版华侨华人问题研究成果：合著《海外粤籍华人社团发展报告》（张应龙主编，暨南大学出版社 2018 年 5 月版），专著《心归何方：媒体人眼中的加拿大华人社会》（中国华侨出版社 2018 年 6 月版）、《走出印度：加拿大客家人访谈录》（广东人民出版社 2023 年 7 月版）。

我非常高兴看到朱凡老师又完成了一本力作，就是这本《轻松留学加拿大：AI 时代的教育与职业规划》；我也很荣幸受邀为这本书写一个推荐序言。

我与朱凡老师的相识是在 2023 年多伦多中国工商银行举办的一次新书发布会上，当时他的新书名为《大学就选加拿大：我所了解的加拿大大学和专业》。在那次活动中，朱凡老师作为一名家长和低龄留学从业者，展示了他对加拿大教育的深厚研究功底，给我留下了深刻的印象。之后，他又写了《加拿大研究生申请指南》这本书，并向我请教了关于加拿大研究生申请方面的一些问题。作为约克大学负责研究生教育工作的教授，我很高兴能够提供帮助。后来，他还送了几本他写的关于留学教育的书给我，使我感受到了他对中国留学生的深切关怀和希望帮助他们的热忱。虽然他一直非常谦虚地认为自己只是一个观察者和实践者，但从他的研究深度来看，可以说他已经是教育方面的一位专家了。因此，我非常欣然地为他的新书写序。

朱凡老师的工作有别于我们在校园里教书和进行教育学研究，他更注重在照顾低龄留学生学业和升学申请领域中的学术指导。同时，他能够发现留学教育中留学家庭的需求，并及时总结这些实践案例和情况，形成有价值的教育书籍。这种学用一致的做法，使他不仅在实践中积累了丰富的经验，还能够将这些经验转化为系统的理论和指导。特别是在写作这本视野拓展与深度探索新书《轻松留学加拿大：AI 时代的教育与职业规划》时，朱凡老师展示了他对职业规划和教育理念的深入理解和分析。

朱凡老师一直非常低调，尽管他在留学教育领域有着深厚的功底和丰富的实践经验。他自称只是为了向中国的留学生家庭提供更加有用的资讯，以缓解他们因为留学信息不畅通而焦虑的情况。这种传道授业解惑的心情，正体现了一位真正教育工作者的无私精神。这次他送给我看的这本新书《轻松留学加拿大：AI时代的教育与职业规划》，又从一个新的角度探讨了一个留学家庭很少关注的话题——职业规划。

在评说加拿大的教育体系之前，我想对加拿大整体的教育实力和表现说上几句，因为教育的结构必然是自下而上地构建，只有基础坚实了，上层才会稳固、才能出色。

加拿大从教育方面来说应该是一匹黑马——尽管加拿大一直低调，并没有得到很多人的关注，但实际上加拿大的教育实力和表现是非常亮眼的。我们从基础教育说起，刚刚公布的国际学生评估项目（PISA）2022的结果，在三个学生能力测试领域里，加拿大都在西方体系里领先。这三个测试领域分别是数学、阅读和科学素养。PISA 2022中有来自81个国家和经济体的69万名学生参加了测试，他们代表了这些国家和经济体的2900万名学生；在这三个测试领域当中，在这样一个庞大的学生体量当中，加拿大学生的数学表现名列全球第九，阅读和科学都是名列第八，亦即全部进入了前十。在前十当中一般都有5~6个东亚体系，所以东亚体系是大赢家，加拿大则是西方体系里的赢家。在西方体系当中，只有爱沙尼亚、爱尔兰和瑞士在不同的测试领域里略优于加拿大。跟那些国家相比，加拿大的教育体量要大得多，而且加拿大的人口和文化的多样性程度也远远高于那些国家，所以从这些方面来看加拿大取得的基础教育成就是非常令人瞩目的。

加拿大的大学教育，在本科教育层次上的特点，一个是质量均衡。加拿大的大学绝大部分都是公立大学，政府从而能够保证在资源投入上是相对均衡的；这样也就带来了实力和质量的相对均衡。加拿大这样的做法是为了因应加拿大的国情，有的放矢地采取这样的做法和政策。加拿大最突出的国情就是地广人稀。为了保证分散分布在辽阔国土上的人口能够获得质量可比的大学教育，政府就采取了这样的政策，从大学资源的分配上、从大学实力的分布，都力求做到相对均衡。这样使得散布在广袤国土上的国民都能受到质量可比的大学教育。这是加拿大大学教育的一个均衡性特征。另一个特征就是加拿大大学教育的人文气息浓郁。加拿大大学有超过一半的专业与博雅教育相关，所以博雅教育资源丰富。博雅教育培养学生的批判性思维能力，对构建学生的终身学习能力和提高知识发展上的韧性都有很大的帮助。同时，博雅教育常常被视作一种精英教育。在美国，通常是由昂贵的私立博雅教育学院来提供这种性质的教育；在加拿大，由公立大学提供博雅教育，相对来说代价低得多，但质量并不低。

在本科阶段，加拿大大学特别注重实践和理论的结合，强调大职业教育（简称大职教）的理念。大职教的两个核心理念是工作融合教育（Work Integrated Education，WIE）和体验式学习（Experiential Learning，EL）。这些教育理念贯穿于加拿大的中学和本科教育全过程，提供了丰富的实践机会和实际操作经验。WIE 通过合作教育、实习和学徒制，让学生在学术学习期间获得实际工作经验；EL 则通过项目式学习、实地考察和工作坊，让学生在真实情境中学习和反思，增强实际操作能力。

加拿大大学在国际化的过程中，对留学生的培养与本地学生尽力做到一视同仁，重视给予留学生平等待遇。这里要特别提到，高等教育国际化这个概念是一个加拿大学者 Jane Knight 首先提出来的。在 20 世纪 90 年代初，她提出这样一个概念及其定义，直到今天才在各种学术文献里被广泛引用。Jane Knight 提出的概念和定义是说高等教育的国际化是个动态过程，在此过程当中国际的、跨文化的和全球的维度越来越多地融合进高等教育的各个方面。在这样一个国际化的动态过程中，留学生是作为一个活跃的关键元素被包含进来的，但是不同的国家和体系基于自身的文化和政策，给予留学生的重视和待遇在性质上可以是不同的。加拿大大学提供给留学生的教育，与本国学生一样，都是以学生为中心的，重视留学生的学习体验和结果。

以上是受到朱凡老师著作《轻松留学加拿大：AI 时代的教育与职业规划》的启发，拉拉杂杂谈了一些对加拿大大学和整个教育体系的印象和感受。由此可见，加拿大的教育体系从基础教育到高等教育，都不失为一匹黑马，值得中国学生考虑来"枫叶国"深造和发展。如此一来，朱凡老师的这本书就很有作用、很有价值了。

查强

2024 年 8 月写于加拿大多伦多

查强，加拿大约克大学教育学院教授、约克大学亚洲研究中心署理主任、多伦多华人教授协会会长。

第一次读朱老师的书是在温哥华的图书馆，名为《中学就去加拿大：我将两个女儿送入加拿大名校》。

那是在 2017 年，我刚刚移民到加拿大，渴望着快速了解和融入这个社会。尤其是那时我的孩子只有 4 岁，我四处寻找有关加拿大教育的信息，希望帮孩子在加拿大找到属于他的人生。

朱老师的书跟我之前读过的教育类图书不同，他完全是以自己作为三个孩子爸爸的个人经历，来记录他和孩子们亲身体验的加拿大。而他的视角不仅仅是一位父亲、一个移民，更让我看到一个在中国接受博士教育的知识分子在异国弃文从商的别样精彩人生。

后来有幸结实朱老师，并更多地阅读朱老师的作品，也更加深入地了解朱老师对于加拿大教育的热爱。如果说朱老师的早期作品是以个人亲力的体验为主，那么近几年的作品如《带你走进加拿大中学、大学》系列丛书，和去年推出的《加拿大研究生申请宝典》，都更加偏向学术工具书的视角。

朱老师从学校、专业、省份的选择，如何准备、申请，以及如何顺利毕业都给出了最详尽的指引。纵观整个加拿大的社会，很难找到这样的系列丛书，覆盖孩子的小学、中学直到大学，家长在孩子成长中的任何一个阶段都能从朱老师的著作中得到收获。而这种收获不仅仅是教育理念或方式方法等形而上的知识，更是具有实际操作意义的不同阶段人生的指引。

作为一个孩子的家长，我深刻地认同朱老师对于加拿大社会以及教育体制的观察，我也将朱老师的每一部著作收藏在书架中，以备孩子下一个求学阶段的不时之需。加拿大是一个相对公平和透明的社会，这里的很多教育资源并非要靠特权来获得，有时我们需要的仅仅是一个关键的信息。只要掌握正确的获取信息的渠道，无论是孩子的教育和职业发展、社会的政治动向，您会发现了解、融入这个社会其实并不难。

而作为一名常年关注移民政策和留学生生存状态的加拿大移民顾问，我也非常高兴看到《轻松留学加拿大：AI时代的教育与职业规划》这本著作的问世。本书作为朱老师"加拿大留学教育"的最后一本，在我看来是极其恰当的。因为它真正关注了留学生最终的职业方向，从职业规划的角度对留学生在选择专业、学校，以及留学过程中进行指导。

2024年，是加拿大移民形势急转直下的一年。超过120万的在读留学生，同上百万的持毕业工签的留学生，都在为这个社会逐渐缩紧的职业机会和移民配额而竞争。如何在经济下行以及移民政策收紧的逆势中找准方向，又如何在AI时代的巨大洪流中把握脉搏，相信在您读完《轻松留学加拿大：AI时代的教育与职业规划》后会有所感悟。

对我而言，无论是作为一名家长，还是一名常年关注移民和留学生的移民顾问，我都非常欣慰能看到朱老师的系列丛书的出版。能在这样嘈杂的时代环境中，依然有学者不断地坚持出版有价值的教育丛书，实属难得。希望您在读后会有跟我一样的收获，无论是现在或未来的某一天，希望朱老师的著作会给您在迷茫中带来指引。

大伟

2024年8月写于加拿大温哥华

大伟，自媒体"大伟探秘加拿大"作者，加拿大持牌移民顾问，"八仙过海"移民公司联合创始人。2016年移民加拿大，曾任职于CCTV、CNBC、新闻集团、腾讯。

　　朱凡博士是我的良师益友。来到加拿大后，我从事低龄留学顾问工作，一路得到朱博士诸多的帮助和指导。朱博士的加拿大留学系列丛书，我更是每本必读，不时叹服于朱博士开拓的研究视野和严谨的治学态度。可以说，他为中国赴加留学人群系统剖析加拿大教育体系作出了巨大贡献。

　　随着朱博士新作《轻松留学加拿大：AI 时代的教育与职业规划》的面世，他的加拿大留学系列丛书愈臻完善，该系列从加拿大中学写起，延伸到大学申请、研究生申请，本书更是从中学和大学的职业教育链接到了大学实习和职业规划，完成了从低龄留学到职业发展的留学规划闭环。

　　这个闭环的构建意义非凡，因为当大学教育走下精英教育的神坛后，其形成了研究型和应用型两大培养方向的分野，职业教育也融入了大学教育的底色，上大学成为获取一份好工作的路径。相信对于很多把孩子送到加拿大留学的家庭而言，这也是他们最重要的诉求之一。那么，了解加拿大大学乃至高中为学生们提供了哪些职业教育的机会，就显得尤为重要。而朱博士在本书中着墨最多的，也就是这些内容的提炼、归纳和升华。

　　如朱博士所言，在加拿大，中学的职业教育不仅是课程设置的一部分，更是教育体系的重要组成。这一点与国内普通高中的课程设置和教育理念有一定的差异，也是最容易被留学生们忽略的资源。在国内，读到高中的孩子都是在为考大学做准备；而在加拿大，高中生可以选择上大学、上大专，甚至直接进入技术行业或成为学徒，于是，加拿大高中为这三个发展方向的学生都提供了不同课程的选择。而且，即使是选择上大学的学生也有各种职业教育相关课程供选择。同时，各大学也在积极向高中生提供体验不同职业和专业方向的机会。每逢暑假，不少加拿大大学都会推出夏校项目，有的夏校已经举办了几十年，拥有不错的质量和口碑，比如多伦多大学医学院和法学院联合推出的 Youth Summer Program（YSP）、多伦多大学工程学院举办的 The Da Vinci Ergineering Enrichment Program（DEEP），还有在全加拿大有二十多所大学参与的 SHAD 项目。

本书的后面部分，朱博士就人工智能为留学生们带来的机遇与挑战也作了深入的思考和剖析。他从国家政策、专业选择、职业发展、如何利用大学资源、加拿大在人工智能领域的优势等说开去，引导留学生们建立起应对和借力人工智能的思维方式和行动方案。正如朱博士所言，"对年轻人来说，AI 不仅是个大 Boss，更是一个得力助手。它可以帮你实现天马行空的创意，让你的职业生涯如虎添翼。面对未来的变革，只要保持清晰的思路和积极的心态，你一定能在 AI 的浪潮中找到自己的节奏，为未来做好充足的准备。"

最后想说的是，实操性强是朱博士教育系列丛书的共同特色，本书也不例外。不仅每一章都贯穿着实用性的建议，本书的最后还有职业规划实用资料和工具汇编，内容涵盖各大学、各级政府的求职就业服务，加拿大最常用的求职平台，以及职业和专业认证机构等。作为在国内教育领域和加拿大低龄留学领域工作超过二十年的教育行业从业者，我见证了在留学路上，许许多多的选择大于努力的案例，那么在那些至关重要的选择的关头，是否拥有全面、准确的信息，可能就会对结果产生决定性的影响。而朱博士所致力于从事的，正是授人以渔、弥合信息差，让广大的留学家庭都能够建立起正确的留学理念、拥有全面准确的信息，从而做出最适合孩子和家庭的留学选择。

作为年复一年帮助怀揣着梦想的莘莘学子从中国来到陌生而美丽、充满机遇和挑战的加拿大的留学顾问，我深知，如此实用的、操作手册般的教育与职业蓝图的勾勒，对加拿大留学生和留学家庭意味着什么。衷心希望《轻松留学加拿大：AI 时代的教育与职业规划》能够帮助到更多留学加拿大的孩子和家庭，让他们在留学的路上走得更加自信从容、收获满满！

彭彦

2024 年 7 月写于加拿大多伦多

彭彦博士，加拿大留学顾问、安大略省 TESL 英语持牌教师、思萌教育创始人、自媒体"好奇的彭彭在加拿大"作者、加拿大教育的亲历者和观察者，2019 年移居加拿大，曾就职于北京外国语大学、加拿大教育媒体公司。

自序

　　我是 1979 年参加全国高考，被中山大学历史系录取。作为新三届的尾班车乘客，我经历了百人过独木桥的激烈竞争，记忆犹新。虽然后来移民到了加拿大，但我每年仍然关注国内的高考情况。

　　从 1977 年恢复高考到现在，已经快有半个世纪了，变化真是翻天覆地。但高考志愿填报，仍是困扰一部分考生和家长的事情。近年来，国内出现了高考志愿规划师的服务。去年回国时，我专门与一位知名的专家见面，他的团队在高考成绩出来后的短时间内，快速地为考生和家长提供志愿填报指导服务。今年，教育部阳光高考平台首次推出"阳光志愿"信息服务系统。该平台集成了丰富的数据资源，为考生提供志愿推荐、专业介绍、心理测评、就业去向及前景查询等服务，极大地方便了考生和家长。但据了解，不少家庭仍认为，面对面和专业人士交流，总比自己动手在网上用"阳光高考"指南填报志愿来得踏实。毕竟，这是人生中一个重要的选择。

　　这让我想起在没有高考的加拿大，学生们从申请专业到收到大学录取意向信，从讨论多个初步被录取到最后选择大学和专业，当中困惑大家的同样也是选择问题。只不过，相较于中国，加拿大高中毕业生有较充裕的时间。十年前开始，我就一直在帮助留学生家庭申请大学、选择专业，收到 offer 后一起讨论，决定最终的选择。整个过程持续几个月甚至半年，工作性质与高考志愿填报有异曲同工之妙，我甚至开玩笑说自己是在做"高考志愿规划师加拿大版"。

　　在我对加拿大教育，尤其是其针对中国留学生的实践和理论探索中，我发现，中外教育目的都是相似的，即教育是为了未来服务的。实践证明，只要通过研究加拿大的专业方向、就业环境和前景，可以更好地抓住留学教育的重点。因此，我有一种"一吐为快"的渴望，想把这些经历个案分享出来。如果完成这个任务，既可以弥补之前我所写的书中仅探讨学术内容的不足，又可以提醒留学家庭重视提前进行职业规划的重要性，避免在决定专业阶段又或者到了大学阶段才意识到规划的重要性，从而陷入被动的局面。他山之石，或许对国内家长也有启发。于是，就有了你手上的这本《轻松留学加拿大：AI 时代的教育与职业规划》。

本书分为几个主要部分：首先，我们将探讨从中学到大学的职业教育，包括加拿大中学的职业教育理念和实践，以及大学职业教育和职业服务中心的实操指导；其次，我们会分析如何通过大学校园游和专业比较，帮助学生做出更明智的选择；再次，揭开专业与职业规划的神秘面纱，深入分析中加两国的专业和职业分类、认证及其关系；最后，我们会探讨 AI 时代的教育与职业规划，以及如何抓住这个时代带来的机遇。

疫情后的新环境带来了新的挑战和机会。AI 技术的迅猛发展，让我们不得不思考如何迎接这一变革。60 年前出现的计算机，终于迎来了 AI 时代。AI 改变了职业结构，也因此影响了留学生的学业和职业选择。家长们需要学习如何帮助孩子适应 AI 时代的学业和职业选择。在 AI 时代，哪些职业会受到影响，又有哪些新内容需要学习？这些问题都是极具挑战性且富有趣味的。

这是一本写给留学生及其家长的参考书，我希望能帮助他们更好地理解和应对加拿大的教育体系和职业规划。加拿大作为七大工业国之一，有其独特的职业设置和行业标准，这影响了教育中的学科划分和专业设置。站在留学生家长的角度，认识加拿大国情，了解加拿大国策，理解加拿大专业与职业的关系，这不仅是为了应对当前出现的移民政策的变化，更是为了给孩子的未来做出更好的规划。

让我们一起通过这本书，探索和规划孩子的美好未来。

朱凡

2024 年 8 月

加拿大多伦多

目 录

第一部分　中学到大学：加拿大重视职业教育

第二部分　有了大学校园游和专业比较，选择起来就更加轻松

第三部分　揭开专业与职业规划的神秘面纱

第四部分　AI 时代的机遇和挑战

第一部分
中学到大学：加拿大重视职业教育

我留意到，每年的大学录取季，在加拿大收到 offer 后，表现得不那么焦虑、反而很轻松的，有两类人。第一类是本地学生，他们和他们的父母真的一点都不紧张。因为从中学时期，他们就已经对大学和未来的职业有了清晰的概念，职业教育的理念早已渗透到他们的学习过程中。比如在安大略省，学生们都会使用一个叫作"MyBlueprint"（我的蓝图）的学生手册。这本手册帮助学生们对未来的职业有一个概念和方向。同样地，在大学阶段，加拿大每所大学都设有职业教育中心和服务中心，为学生们提供职业规划和专业选择的帮助。

第二类是那些在加拿大完成完整高中教育的留学生。这些学生如果能够积极参与中学里的职业教育课程和相关活动，他们在面对大学选择时也会显得更加从容和自信。通过职业教育课程，他们对大学专业与职业的关系、未来的职业方向会有一个大概的了解。最重要的是，这些课程中包含了许多关于个人性格、兴趣和能力的测试，通过这些测试，学生们对自己也有了更清晰的认识。

当然，虽然有些留学生是参加了国内中考之后再来加拿大读高中的，可能错过了一部分加拿大高中的职业教育课程。不过，因为有的家长爱学习，再加上同学们也很留意提前进行学业和职业规划，即使在 offer 季之后，他们对专业方向和职业选择的焦虑也会有所减轻。尽管社会制度、文化、传统以及教育制度不同，加拿大的国情和就业形势也与国内有差异，但家长们的积极参与和学习，使得辅导工作变得相对容易。

　　其实，要是看过我写的关于加拿大留学教育书的人会知道，在我以往的书里，我已经介绍过加拿大的教育体系，也谈到了职业教育。不过，现在我们有机会重新再把这些内容梳理一遍。希望通过这次的介绍，大家能更轻松地理解和应对职业规划的问题。

第一章　加拿大为什么重视职业教育

加拿大不仅是经济发达国家，在教育方面也位居国家先进前列。加拿大教育的先进就体现在重视职业教育。

一、加拿大职业教育的理念

在加拿大，无论是中学还是大学，职业教育都占据着重要地位。这当中包括一系列教育学理论基础和实际操作指导原则。加拿大职业教育理论历史悠久，全面又系统。或者我尝试用通俗化语言加以说明。就像学习游泳需要在水中练习一样，职业教育强调通过实际操作和真实经验来学习，这不仅让学生理解理论，还能在实践中应用。因为每个学生都有不同的天赋和兴趣，职业教育就像一个自助餐，让学生可以根据自己的口味（兴趣和能力）选择最适合他们的发展方向。另外，教育和培训相当于给自己增加"技能投资"，所以，职业教育提升了学生的实际工作能力，让他们在就业市场上更有竞争力。有一种说法，学习不仅仅是读书，还包括观察和模仿，职业教育提供了实习和合作项目，就像带着训练轮学骑自行车一样，让学生在真实的工作环境中学到本领。另外，大家比较认可的终身学习理念认为职业教育不仅教给学生眼前的技能，还能培养他们不断学习和适应新环境的能力，这在现代社会尤为重要。近年来，中国教育市场上流行的全人教育，从整体视角看待教育，其理念研究奠基人就是来自多伦多大学安大略省教育研究所的教授约翰·P.米勒（John P. Miller）。全人教育是一种教育范式，而不只是一种教育方法，它包括多种教学方法：传导性学习、交换性学习和转换性学习。

加拿大职业教育就是在上述教育理论基础上，制订从基础教育到高等教育中的教学实际操作指导原则。这些原则可以具体到不同阶段的课程设置与实际操作。加拿大的中学和大学提供多样化的课程选择，让学生根据自己的兴趣和职业目标选择不同的课程组合。例如，中学课程可能包括计算机编程、酒店管理或平面设计等；而大学则提供更专业和深入的课程，同时安排实习和合作教育项目，让学生在实际工作环境中积累经验。这不仅增强了他们的实际操作能力，还让他们更好地适应未来职场环境。

二、我对加拿大职业教育的印象

我是十分欣赏加拿大职业教育的，在我以往的研究和所著书籍中，均有记录加拿大中学、大学的职业教育的故事和内容。

记得有一次我去两个女儿就读的一所加拿大女子中学和一群中国留学生探讨她们未来的职业规划。当时，我问她们将来想读什么大学，她们列举了许多名牌大学和其专业性很强的学科。然而，有一位同学提醒我，我问反了。她说加拿大的老师在教育学生时，顺序是倒过来的。意思是，老师首先会问学生将来想过什么样的生活、想从事什么样的职业，然后再告诉他们需要选择哪些专业和大学来实现这些目标。老师特别强调，专业比大学更重要，选择专业取决于学生的兴趣、爱好和能力。因此，他们在十年级到十二年级时选科非常重要。于是，在我的第一本书《中学就去加拿大》中，我写道，探索职业教育的重要性。通过这次交流，我感悟到：兴趣是学习的动力，学生只有对所学的内容感兴趣，才能激发他们的学习动力。在加拿大，选择专业优先于选择大学，因为专业决定了未来的职业方向，大学的选择应与未来的职业方向一致，确保所学专业能为职业生涯提供实际帮助。职业与生活紧密挂钩，职业教育帮助学生明确他们想要过的生活，通过职业规划可以实现这些生活目标。

后来，我曾经带着俩女儿就读学校的校长和发展主管，一起走访了国内不同城市，召集家长们开家长会，讨论学校的未来发展。我们持续走访了三年，最后一次在中国香港总结聊天时，发展主管说的一句话让我印象深刻。他提到："我发现我们的中国家长，或者说在我们见面的中国家长中，他们对学校关于职业规划、中学生的职业理财、中学生的兴趣、中学生的学业规划等方面，好像并不太重视。"于是，在我的第二本书《轻松留学加拿大》中，我写道：家长并不太重视学校关于职业规划的教育。我自己通过这次讨论和总结，得出了以下几点感悟：第一，职业规划的重要性。学校不仅要传授学术知识，还要帮助学生进行职业规划，让他们更好地了解自己的兴趣和职业方向。第二，家长的角色。家长在孩子的职业规划和兴趣培养中起着重要的作用，他们需要更多地了解和重视学校提供的职业教育和规划服务。第三，全人教育。教育不仅仅是为了进入大学，更是为了培养学生的综合能力和素质，使他们在未来的职业和生活中能够成功。第四，文化差异，中国家长和加拿大教育系统在职业教育上的关注点不同，如何弥合这种差异，使家长更好地支持孩子的职业发展，是一个值得深入探讨的问题。这些观察和感悟进一步加深了我对加拿大教育体系的理解，也让我意识到在推动职业教育方面，还需要更多的沟通和交流。

在我的第三本书《带你走进加拿大高中》中，有一个故事让我印象深刻。一个孩子没有按照父母的意愿去报考大学，而是选择了读学院。这个孩子在中学时成绩一般，用他自己的话来说，看书就犯困，但他对汽车和修理机械特别感兴趣。他的父母曾经委托我去劝说他，希望他能改变主意。在与这个孩子的交流中，我发现他对汽车的理解比我还深刻。学校里职业规划课程中的机械修理课程，让他找到了自己的兴趣和方向。最终，他的父母同意了他的选择，他进入了学院学习汽车修理。他有一个明确的目标：开一家自己的车行。"留学，让孩子在加拿大找到自己的方向"，我是以这句话为小标题写在书里的。书出版后，有个家长告诉我，他读到这段非常感动。家长说，来加拿大读书不应该是为了逃避中考或高考，而是为了找到孩子的兴趣和职业方向。另外一位家长还说了一句让我印象深刻的话："假如我们的孩子能够在高中时就有一个明确的职业规划，那我就不用那么操心了。"他认为，学习是为了未来的工作，而加拿大的教育体系能够从一开始就帮助孩子明确职业方向，这让孩子在学习中更有动力。我深深地认同，如果家长能从高中开始就帮助孩子规划好未来的职业方向，是一件值得高兴和欣慰的事情。加拿大的教育体系提供了丰富的职业教育资源，让孩子们在早期就能找到自己的兴趣和方向，这不仅让他们的学习更加有动力，也为他们的未来职业生涯打下坚实的基础。

　　我有一位在加拿大做校长的同学，他曾经详细描述过加拿大教育体系中的这种连贯性。他说，从中学开始，学生们就被鼓励放眼未来，规划当下的学习和职业方向。例如，很多高中都有实习课程，让学生在真实的工作环境中积累经验。而到了大学，这种职业准备就更加深入，通过合作教育（Co-op）等项目，学生可以在学习期间获得与专业相关的工作经验。这位校长同时指出，加拿大的教育真正体现了以学生发展为本和以社会需求为本的原则。从中学到大学，教育系统帮助学生从个人兴趣和能力出发，挖掘潜力，寻找适合他们发展的职业道路。这种教育方式不仅符合个性发展，也使职业选择更加务实，社会人才资源配置更加合理。他还特别提到，错误地认为职业发展始于大学，会导致很多学生在职业选择上无法充分考虑自身的兴趣和能力以及社会需求，因为那个时候留给他们的时间已经不多了。他们不得不应对繁重的学业，而无暇顾及职业规划。在我的第四本书《带你走进加拿大中学》中，有一章专门讲到了从中学到大学的职业教育连贯性。教育的职能之一就是为未来的职业服务，而在加拿大，这种连贯性尤为明显。

　　在《带你走进加拿大大学》中，我特别提到了探索大学专业的重要性。除了选择专业外，了解大学专业的方向同样重要。在一个章节中，我讲述了学生在大学四年中学习和运用职业工具和辅导工具的故事。这些工具不仅帮助学生在学术上取得成功，更重要的是为他们未来的职业生涯做好准备。在书的最后一部分，我记录了一个学生的故事。他通过加拿大大学新生体验，认识了许多人，逐渐明白了人脉圈的重要性。在职业服务中心的指导下，他找到了多次实习机会，最后在一家银行实习并获得了全职工作。通过不断努力和积累经验，他最终升任银行高管。

　　在《大学就选加拿大》这本书中，我详细记录了加拿大大学办学的特色，特别是合作教育（Co-op）项目的运作。Co-op 项目让学生在学术学习的同时积累实际工作经验，为未来的职业生涯打下坚实基础。

　　在《加拿大研究生申请指南》这本书中，我强调了研究生教育在职业规划中的重要性。加拿大大学将研究生教育视为职业发展的重要路径，提供专业性强的课程和实习机会，帮助学生在毕业后顺利进入职场。

第二章　加拿大中学的职业教育

　　加拿大中学重视职业教育。简单来说，职业教育帮助学生更早地了解各种职业和行业，这对他们未来的职业选择和发展非常有利。首先，职业教育可以让学生在中学阶段就接触到各种职业选项和技能，这帮助他们更清楚地了解自己的兴趣和优势，从而做出更明智的职业选择。想象一下，如果一个学生早早发现自己对机械感兴趣，他可以在中学时就选修相关课程，并且在毕业时已经具备了一定的技能，这比大学毕业后再重新选择方向要节省很多时间和资源。其次，职业教育提供了实际的工作技能和经验，这对学生未来的就业非常有帮助。加拿大的很多职业教育课程都会安排实习或者合作教育项目，让学生在真实的工作环境中积累经验。这不仅能增强他们的工作能力，还能让他们更好地适应职场环境。最后，职业教育也有助于满足劳动力市场的需求。加拿大经济需要各行各业的专业人才，通过职业教育培养出来的学生可以更快地投入工作、为社会做出贡献。总的来说，职业教育让学生早早接触到真实的工作环境、掌握实际的技能，同时也让他们在做职业选择时更有方向和信心。这对个人的发展和满足社会的需求都是非常有益的。

一、中学职业教育对学生未来去向的分流作用

　　我在加拿大所照顾的中学留学生，都是在中国长大的。我明白，在中国，高考制度确实对整个教育系统有很大的影响。职业教育通常被定位为进入高等职业院校或技术学院的途径，这些学校主要为学生提供技术和职业技能培训。职业教育在中国更像是高考以外的一条平行道路，而不像在加拿大那样融入整个高中教育体系中。

相比之下，加拿大，尤其是安大略省的高中教育体系，更加灵活和多样化。在安大略省，高中教育通常分为四年，前两年（九年级和十年级）学生可以探索各种学科，包括职业教育课程。之后，学生可以根据自己的兴趣和能力选择不同的教育和职业路径：

大学预备课程（University Preparation Courses）：为有志于进入大学的学生设计，侧重学术知识和技能。

学院预备课程（College Preparation Courses）：为准备进入社区学院的学生设计，强调应用技能和实践知识。

技校和学徒课程（Apprenticeship and Skilled Trades Courses）：为希望直接进入技术行业或成为学徒的学生提供具体的职业技能培训。

这种分流方式允许学生在高中的最后两年根据自己的兴趣和职业目标选择不同的课程和路径，而不是早早决定分流方向。这种灵活性使得学生有更多的时间和机会探索不同的职业选择，并根据自己的兴趣和能力做出更适合的决定。加拿大的教育体系强调多样性和灵活性，允许学生在高中阶段有更多的探索和选择机会，而中国的教育体系则更注重通过高考这一统一考试来决定学生的升学和职业方向。这两种体系各有优劣，反映了不同国家的教育理念和社会需求。

在加拿大，中学的职业教育不仅是课程设置的一部分，更是教育体系的重要组成。在安大略省，十年级的 Career Studies（GLC2O）课程是高中毕业的必修课程，学生必须完成这个课程才能毕业。在不列颠哥伦比亚省（简称卑诗省），十年级的 Career Education 课程也是必修课程，学生需要完成此课程才能满足毕业要求。其他省份也有类似的要求，例如阿尔伯塔省的 Career and Life Management（CALM）课程和萨斯喀彻温省的 Career Education 课程。在加拿大的大多数省份，高中的职业教育课程是毕业条件的一部分，学生需要完成这些课程才能获得毕业证书。

二、留学生越来越重视加拿大高中职业教育

许多中国的家长和学生在考虑留学时，可能会忽视加拿大高中教育中职业教育的重要性。这主要是因为他们对职业教育的认知受到国内教育体系的

影响。在中国，职业教育往往与职业学校或职业学院联系在一起，被认为是相对于普通高中和大学教育的另一条道路。因此，当这些家长把孩子送到加拿大留学时，通常更关注学术课程和大学入学，而可能忽略了职业教育课程。

不过，我在加拿大所照顾的中学留学生也有例外的。王明同学中考失利，来到加拿大。他在高中探索了计算机编程的职业课程后发现了自己的兴趣。之后，他顺利进入了一所社区学院，完成学业后获得了工作签证，并在 IT 行业找到了理想的工作。中考成绩不理想的学生和家长可能会更加珍惜加拿大相对宽松和多样化的教育环境，他们可能会更开放地接受职业教育课程，因为这些课程提供了不同于传统学术路径的成功机会和实用技能培训。张强同学中考成绩一般，但在加拿大高中期间，他选修了酒店管理的职业课程。之后，他顺利进入一所大学的酒店管理专业。大学毕业后，他在一家国际酒店实习并获得了工作机会和签证。加拿大的教育体系强调探索和多样化选择，给所有学生提供了更多的机会去发现自己的兴趣和能力。对于那些在中考中表现不佳的学生来说，这种环境可以帮助他们找到新的方向和动力。

我的小儿子在十年级时上了一门职业规划课，这门课最后的作业是进行一次模拟面试。有一天，他突然向我借领带，准备参加模拟面试。我感到很惊讶，因为平时他并不常穿正装。在这门职业规划课上，学生们不仅要学习如何写简历和求职信，还要通过实战演练掌握面试技巧。我的儿子在模拟面试中扮演求职者，需要面对同学和老师的提问，模拟了真实的面试场景。这次作业不仅让他体验了求职的过程，也让他更好地理解了面试的重要性和技巧。他的课程让我意识到，加拿大的职业教育从中学阶段就开始注重实战演练，帮助学生为未来的职业生涯做好准备。这种教学方式不仅培养了学生的实际操作能力，也增强了他们的自信心和适应能力。通过这个故事，我深刻认识到，加拿大的教育体系在职业教育方面的用心和实用性。从中学开始，学生们就有机会通过实战演练积累经验，为未来的职业发展打下坚实的基础。家长们应当重视这一点，让孩子从中学开始就规划好自己的职业道路，从而在未来的学业和职业发展中更加顺利。

另外，在我监护的学生中，有一个特别的例子。他的母亲在他来加拿大之前，专门为他申请了一门学徒工的课程，叫作职业教育专业课程。这与一般学生的课程有所不同，这种课程旨在帮助学生在毕业后直接成为学徒。这个学生选择了护理方向。虽然他没有加拿大身份，但通过这门课程，他在高中毕业后申请了一所学院的护理专业。这个课程包括许多护理所需的基本知识和认证，例如紧急救护等。通过在学院中的学习，他不仅掌握了相关知识，还获得了多项护理领域的认证。几年后，我再见到他时，他告诉我他已经进入了多伦多都会大学读护理研究生。这一职业在加拿大非常紧缺，因此他不仅成功留下来，还找到了非常好的工作。这个故事让我意识到，加拿大的中学职业教育课程可以根据学生的不同能力和职业规划，提供多样化的选择。不一定非得读大学，学徒课程同样可以为学生提供通往成功的道路。关键在于中学阶段就开始的职业规划，帮助学生提前思考和规划未来的职业方向。

因此，来加拿大读中学，不仅仅是为大学做准备，更是一个探索和规划未来职业的重要阶段。利用好加拿大丰富的职业教育资源，可以让学生在未来的学业和职业发展中更有目标，更加明确。

当然，我也很欣慰地看到，国内近年来也非常重视职业教育的发展，出台了一系列政策和措施来提升职业教育的质量和影响力。例如，《中华人民共和国职业教育法》和《国家职业教育改革实施方案》都对职业教育的发展方向和具体措施进行了详细规定。总的来说，中国在职业教育领域的努力和成就正逐步显现，这不仅有助于提升学生的职业技能和就业能力，也为国家经济和社会发展提供了坚实的人才基础。

三、对留学家庭的建议

根据我的观察，对于来自中国的留学生来说，在加拿大参加职业教育课程时，确实有一些特别需要留意的地方。

第一，理解课程的重要性。在中国，教育系统更注重书本知识和应试能力，而职业教育课程强调实际技能和职业准备。学生需要理解这些课程的重要性，不仅是高中毕业的要求，更是为未来的职业发展做准备。

第二，积极参与实践。加拿大的职业教育课程非常注重实践和实际操作。例如，学生可能会有实习、合作教育项目等实践机会。这些实践经验对未来的职业发展非常宝贵，可以增加实际工作经验和职业技能。

第三，职业规划与探索。职业教育课程通常会包括职业规划和探索模块，帮助学生了解自己的兴趣和能力，探索不同的职业选项。留学生应积极参与这些活动，认真进行自我评估和职业探索，为未来的职业生涯制订清晰的计划。

第四，连接大学和职业。许多职业教育课程提供双学分机会，学生在高中阶段完成课程的同时，可以获得大学学分。这为学生未来的大学学习和职业发展打下基础。例如，安大略省的 SHSM 项目和卑诗省的 ACE IT 项目都提供这样的机会。

第五，发展软技能。除了技术技能，职业教育课程还强调软技能的培养，如沟通能力、团队合作、问题解决等。这些技能在未来的职场中非常重要，学生应特别注意这些方面的学习和锻炼。

第六，金融素养与生活技能。课程包括财务管理和生活技能培训，帮助学生掌握基本的经济知识和生活技能。这对于独自在外生活的留学生特别重要，有助于他们更好地管理自己的生活和财务。

第三章　加拿大大学职业教育和职业服务中心

在加拿大，大学的职业教育和职业服务中心虽然没有像中学那样开设专门的职业教育课程，但它们通过多种途径为学生提供职业规划和职业发展的支持。

一、大学职业教育的理念和实操指导原则

加拿大约克大学从事教育学研究多年的著名学者查强教授指出，在本科阶段，加拿大大学特别注重实践和理论的结合，强调大职业教育（大职教）的理念。大职教的两个核心理念是工作融合教育（Work Integrated Education，WIE）和体验式学习（Experiential Learning，EL）。这些教育理念贯穿加拿大的中学和本科教育全过程，提供了丰富的实践机会和实际操作经验。WIE通过合作教育、实习和学徒制，让学生在学术学习期间获得实际工作经验；EL则通过项目式学习、实地考察和工作坊，让学生在真实情境中学习和反思，增强实际操作能力。

我上网查了一下资料，WIE在加拿大的兴起可以追溯到20世纪初。最早的Co-op项目是由滑铁卢大学于1957年推出的。该项目的初衷是将工程学科的理论学习与实际工作相结合，使学生能够在真实的工作环境中应用他们所学的知识。滑铁卢大学的Co-op项目最初在工程领域实施，并迅速扩展到其他学科。该项目的成功推动了其他加拿大高校纷纷效仿。加拿大政府在不同阶段给予了政策和资金支持，以促进高校和企业的合作，推动WIE的发展。如今，加拿大的许多大学和学院都开设了WIE项目，包括但不限于工程、计算机科学、商科和健康科学等学科。除了传统的Co-op项目，WIE还包括实

习、学徒制和现场工作坊等多种形式。高校与企业之间的合作越来越紧密，企业参与设计课程，提供实习岗位，甚至会直接招聘参与 WIE 项目的学生。

体验式学习的理念可以追溯到 20 世纪中叶，受到教育学家约翰·杜威（John Dewey）的影响。他主张通过体验和反思来学习，而不是单纯依赖书本知识。20 世纪 60 年代至 70 年代，加拿大的教育体系开始反思传统教育模式的局限，逐渐引入体验式学习理念。杜威的教育理论在加拿大教育界产生了深远影响，强调"学习即体验"，推动了体验式学习的发展。加拿大的许多大学和学院在课程设计中广泛应用体验式学习，如通过项目管理、实地考察、社区服务和创业项目等方式，让学生在真实情境中学习。我的二女儿 Garbo 毕业于多伦多都会大学（Toronto Metropolitan University），前瑞尔森大学（Ryerson University），设计工程专业。她所读的专业就是一种项目式学习（Project-Based Learning）。她在工程和设计学科中实施项目式学习，通过参与真实项目，解决实际问题，获得动手能力。此外，体验式学习不仅应用于传统学科，也在艺术、设计、商业等跨学科领域得到推广。加拿大各级政府和教育机构积极推动体验式学习的发展，通过资助项目和政策支持，鼓励高校和企业合作开展体验式学习项目。随着科技的进步，虚拟现实（VR）、增强现实（AR）等新技术也被引入体验式学习中，为学生提供更加沉浸式的学习体验。

通过这些创新教育模式，加拿大正在为全球高等教育提供新的范例，并为学生在快速变化的全球经济中取得成功提供有力支持。

总而言之，加拿大大学的职业教育理念认为，职业发展是一个终身的过程，涉及自我认识、职业探索和决策等环节。所以，大学的职业服务中心通过提供职业咨询、职业评估和职业指导，帮助学生理解和规划他们的职业生涯。同样，大学的职业教育强调，个人的职业选择和职业发展受到个人信念、目标、社会支持和机会的影响。于是，职业服务中心通过提供信息和资源，增强学生的职业自我效能感和职业信念。大学的职业教育理论认为，通过教育和培训提升个体的技能和知识水平，可以提高他们的生产力和经济价值。因此，大学通过各种职业培训和实习机会，帮助学生提高他们的就业能力和市场竞争力。

加拿大宪章规定，联邦政府不会参与教育事务，教育归属各省管辖。各省会发挥区域优势在教育政策上支持省内大学。当然，加拿大的大学通常拥有很大的自主权，各省政府对其职业服务和教育的干预较少。这些大学独立运营，提供各种职业服务以满足学生的需求。

二、加拿大大学的职业教育

职业导向课程：许多加拿大大学提供职业导向的学位课程和证书课程。这些课程专注于实用技能和行业需求，涵盖的领域非常广泛，如商业、工程、健康科学、信息技术等。

Co-op 项目：是加拿大大学的一大特色，学生在学习期间可以轮流参加学术课程和有薪实习工作。这不仅提供了实际工作环境，还帮助学生在毕业前建立职业网络和积累工作经验。

职业发展中心（Career Services）：大多数加拿大大学设有职业发展中心，为学生提供职业咨询、就业资源、简历和求职信撰写指导、模拟面试等服务。职业发展中心还会举办各种职业博览会和招聘活动，为学生提供实习和就业机会。

行业认证和培训：许多大学提供特定行业的认证课程和培训项目，帮助学生在进行学术学习的同时获得专业认证。这些认证在求职市场上非常有竞争力。

加拿大各大学的职业教育内容全面丰富，又各有特色。关于这方面的细节见本书第五部分。

三、加拿大大学的职业服务中心

大学的职业服务中心在学生职业教育和发展中扮演着重要角色。中心除了提供各种职业评估和测试工具，还帮助学生了解自己的职业兴趣和适合的职业方向，其主要职能包括：

第一，职业规划与咨询。提供个性化的职业规划和咨询服务，帮助学生制定职业发展路线。职业顾问会与学生进行一对一交流，帮助他们找到自己的兴趣、了解自己的能力并做出职业选择。我认识一个来自中国的留学生安妮，她在麦吉尔大学学习时对自己的职业方向感到迷茫。安妮在国内的中学成绩优异，但来到加拿大后，对未来的职业选择感到不确定。在职业服务中心的帮助下，她使用职业评估工具发现了自己对公共卫生方面的兴趣。通过多次职业咨询，她决定攻读公共卫生硕士，并在服务中心的支持下，最终在一家非营利组织找到了理想的工作。

第二，实习与 Co-op 项目。安排学生参与实习和 Co-op 项目，让他们在实际工作环境中积累经验。这些项目通常与企业合作，为学生提供真实的工作机会。艾丽克斯是我认识的另一位来自中国的学生，他在滑铁卢大学学习时，充分利用了学校的 Co-op 项目。在国内中学时，艾丽克斯对计算机科学充满热情。在滑铁卢大学的帮助下，他获得了在谷歌实习的机会。滑铁卢大学的 Co-op 项目与全球多家知名企业合作，艾丽克斯在谷歌实习期间，参与了多个项目，积累了宝贵的经验和技能。实习结束后，他顺利地获得了全职工作邀请。

第三，就业资源与网络。提供广泛的就业资源，包括招聘会、就业信息平台、校友网络等，帮助学生找到实习和工作机会。约翰也是我曾帮助过的一名中国留学生，他在多伦多大学读书时参加了职业服务中心举办的年度招聘会。约翰在国内中学时就表现出对金融科技的浓厚兴趣。招聘会吸引了数百家企业，提供了丰富的就业机会。在招聘会上，约翰结识了一家金融科技公司的代表，通过面试和后续的实习，他成功获得了该公司的全职工作。

第四，职业技能培训。提供职业技能培训课程和工作坊，如简历写作、面试技巧、职业礼仪等，提升学生的就业能力。凯文是我认识的一位来自中国的学生，他在 UBC（University of British Columbia，英属哥伦比亚大学，即卑诗大学）学习时参加了职业服务中心组织的面试技巧工作坊。凯文在国内中学时擅长数学和科学，但对在面试中如何表现感到困惑。工作坊内容包括模拟面试、如何回答常见问题、职业礼仪等。凯文在学习了这些技巧后，成功通过了四次面试，最终在一家咨询公司找到了满意的职位。

四、充分利用大学职业教育和规划资源的做法分享

在加拿大的大学里，职业教育和相关项目主要是作为学生的选择，而不

像中学那样是必修的毕业条件。但大学与中学职业教育的对接，例如：学分互认和转移：在某些省份（如安大略省和卑诗省），高中的职业教育课程和项目（如 SHSM 和 ACE IT）提供双学分机会，学生可以在高中期间获得部分大学学分。这些学分可以转移到大学，减轻学生的学业负担。衔接课程（Bridging Programs）：有些大学提供衔接课程，帮助从职业教育背景过渡到大学学术环境。这些课程通常包括基础学术技能培训和专业课程入门，帮助学生顺利适应大学学习。合作教育和实习机会：大学通过合作教育和实习项目与高中职业教育形成无缝对接。如大学的 Co-op 项目允许学生在学术学习中断期间进行有薪实习，延续高中阶段的实习经验。职业规划和辅导：大学职业发展中心提供的职业规划和辅导服务，可以帮助学生制订从高中阶段的职业教育过渡到大学和职业生涯的规划。学生可以获得个性化的职业咨询，制订明确的职业目标和行动计划。

对于那些直接来加拿大上大学的国际留学生，由于没有在加拿大读过中学，他们可能会缺乏对加拿大职业教育体系的了解，从而错过一些有价值的职业发展机会，但仍然有机会在大学阶段弥补这方面的遗憾。

在多伦多一所著名大学学生服务中心工作多年的 Peter，每次见到我，都要我提醒留学生善用大学的资源，尤其是职业服务。他留意到，中国留学生较少主动使用大学在职业教育、求职培训和指导等方面的服务。因此，他建议留学生：

第一，留意各种职业博览会和招聘会。大学每年会举办多次职业博览会和招聘会，邀请各行各业的企业来校园招聘。留学生应提前准备好简历，积极参加这些活动，了解不同企业的招聘需求，并与招聘人员建立联系。

第二，参加工作坊和讲座。校内职业发展中心会定期举办简历撰写、面试技巧、职业规划等主题的工作坊和讲座。参加这些活动可以帮助留学生提升求职技能，更好地为未来的就业做准备。

第三，善用校友网络。许多大学有强大的校友网络，留学生可以通过校友网络平台联系校友，了解行业信息和求职经验，寻求职业建议。

应我要求，毕业于多伦多大学计算机专业的李先生，曾任 IBM 管理层，后创建自己的企业。对于留学的职业规划，作为过来人，他提出了具体的建议和行动步骤。

入学前的准备：提前了解大学资源。在入学前，通过大学官网、留学生办公室、新生手册等渠道，详细了解大学提供的职业发展资源和服务。家长可以帮助孩子收集和研究这些信息，确保他们在入学前对大学的职业发展资源有基本的了解。

入学初期：参加迎新活动。大学通常在新生入学时组织迎新活动，包括职业发展中心的介绍和讲座。留学生应积极参与这些活动，了解大学的职业服务和资源。尽早在职业发展中心注册，并预约职业咨询服务，制订个人职业发展计划。

定期参与职业活动：定期参加职业发展中心组织的工作坊和讲座，学习简历撰写、面试技巧、职业规划等内容。这些活动可以帮助学生弥补中学阶段未接触过的职业教育知识。积极参加校园举办的职业博览会和招聘会，与招聘人员交流，了解行业需求和就业机会。

制订个人职业发展计划：包括职业咨询，利用职业发展中心的职业咨询服务，与职业顾问一对一讨论个人职业目标和发展路径，制订详细的职业发展计划。定期评估自己的职业发展计划，根据实际情况和职业目标进行调整和优化。

积累实践经验：积极申请实习和参与 Co-op 项目，获得实际工作经验，建立职业网络。这些实践经验对于求职和职业发展至关重要。通过参与志愿者活动和兼职工作，积累实际工作经验，并了解加拿大职场文化。

发展软技能：通过参与学生组织、社团活动和小组项目，提升沟通能力和团队合作技能。在学术和课外活动中，主动承担领导角色，培养领导力和时间管理能力。

根据 Peter 和李先生的分享和建议，留学生可以系统性地制订职业规划和发展计划，充分利用大学期间的资源和机会，为未来的职业生涯打下坚实的基础。

五、对留学生家长的建议

教育是一个系统工程，需要学校、学生、家长多方互动。在中学阶段，大部分学生是未成年人，更需要家长和老师的引导。在大学阶段，家长和学校的责任则变成帮助学生成为独立的个体，培养他们的独立性。通过大学职业教育和职业服务中心的支持，学生能够更好地规划自己的职业道路，成为自立、自信的社会成员。但在实际工作中，我发现，中国留学生家长角色十分重要。

我建议，留学生家长：

第一，持续关注孩子的职业发展。家长应与孩子保持定期沟通，了解他们在职业规划和发展方面的进展，提供必要的支持和建议。鼓励孩子积极参与大学的职业发展活动，利用大学提供的各种资源和服务。

第二，提供情感和实践支持。理解孩子在异国求学和职业发展的压力和挑战，提供情感上的支持和鼓励。如果家长有相关经验，可以提供实际的职业发展建议。

最后，介绍多伦多都会大学建筑科学专业在大职业教育（大职教）方面具体的做法，这些做法结合了 WIE 和 EL 的理念，为学生提供了丰富的实践机会和全面的职业准备。

1. Co-op 项目：学生在学术学习期间有机会参与带薪实习，实习期通常为 4 个月到 1 年不等。实习岗位覆盖建筑设计、施工管理、项目管理等多个领域，学生可以根据自己的兴趣和职业规划选择实习单位。优势：学生在校期间就能获得实际工作经验，提升就业竞争力。实习期间，学生能将课堂知识应用到实际工作中，增强实际操作能力。

2. 设计工作室（Design Studios）：建筑科学专业设有多个设计工作室，学生在导师指导下参与实际设计项目。工作室项目包括从小型建筑设计到大型城市规划，学生能够接触到不同规模和类型的设计任务。优势：学生在工作室中可以动手实践，提升设计能力和创造力。通过实际项目，学生可以学习到项目管理和团队合作的技能。

3. 实地考察和工作坊（Field Trips and Workshops）：学校组织学生定期进行实地考察，包括参观建筑工地、知名建筑和设计事务所等。通过工作坊，学生可以参与动手实验、模型制作和技术培训。实地考察和工作坊提供了宝贵的实践机会，使学生更好地理解建筑设计和施工过程。学生可以在真实环境中学习，增强其对建筑技术和材料的应用能力。

4. 校企合作项目（Industry Partnerships）：学校与多家建筑公司、施工企业和设计事务所建立了合作关系，共同设计和实施教学项目。企业参与课程设计和教学，提供实际项目作为学生的学习案例。优势：校企合作项目使学生能够接触到最新的行业动态和技术，积累实际操作经验。企业导师和讲师的参与为学生提供了宝贵的职业指导和建议。

5. 创新和创业教育（Innovation and Entrepreneurship Education）：学校设有创新实验室和创业孵化器，鼓励学生开发自己的设计和创业项目。学生可以获得启动资金和导师支持，参与创新设计和创业实践。优势：创新和创业教育培养了学生的创新思维和创业能力，增强了他们的职业竞争力。学生有机会将自己的创意转化为实际项目，获得宝贵的创业经验。

6. 可持续建筑项目（Sustainable Building Projects）：课程中融入了可持续设计和绿色建筑技术的学习内容，学生有机会参与实际的可持续建筑设计和施工项目，学习环保和能源效率技术。可持续建筑项目培养了学生的环保意识和可持续发展能力，符合现代建筑行业的发展趋势。学生在实际项目中能够学习到先进的绿色建筑技术，为未来职业发展打下基础。

7. 职业发展服务（Career Development Services）：学校设有专门的职业发展中心，为学生提供职业咨询、求职指导和就业服务。职业发展中心组织招聘会、职业讲座和企业参观活动，帮助学生拓展就业机会。优势：学生可以获得专业的职业指导和求职支持，提升他们的求职技能和就业成功率。通过招聘会和职业讲座，学生有机会与行业专家和潜在雇主建立联系，拓展人脉网络。

Co-op 项目中的成功案例：Alice（化名），国际留学生，建筑科学专业。通过 Co-op 项目，Alice 在一家知名建筑设计公司实习，参与了多个大型项目的设计和管理工作。实习期间，Alice 获得了丰富的实践经验，并与公司内部的设计师和项目经理建立了良好的关系。实习结束后，Alice 表现出色，获得了公司的正式聘用，并在毕业后顺利进入职场。

创新实验室中的创业项目成功案例：Tom（化名），本地学生，建筑科学专业。Tom 在学校的创新实验室中开发了一个智能建筑管理系统项目，并获得了创业孵化器的资金支持。在导师的指导下，Tom 将项目推向市场，并获得了多家建筑公司的关注和合作机会。通过创业项目，Tom 不仅学到了实际的项目管理和商业运营技能，还成功创业，成为一名年轻的企业家。

多伦多都会大学建筑科学专业通过实施一系列大职教的具体做法，为学生提供了丰富的实践机会和全面的职业准备。这些做法不仅提升了学生的专业技能和就业竞争力，还培养了他们的创新思维和可持续发展能力。通过这些项目，学生能够在真实的工作环境中学习和成长，为未来的职业发展打下坚实的基础。

第二部分
有了大学校园游和专业比较，
选择起来就更加轻松

    不知道你是否发现，加拿大本地的孩子特别重视大学校园的探索。毕竟，这是他们第一次离开家，独立在外面学习，这与他们高中毕业时通常已满18岁，进入独立生活的阶段紧密相关。这一点对他们的影响非常深远。近年来，留学生在这方面也不遑多让。他们也非常重视未来大学的环境和氛围。越来越多的留学生，把探索大学和了解专业的校园游作为升学选择中的一个重要步骤。

    我个人认为，不妨将校园游分为不同的阶段进行。在大学申请的初期，先进行一次初步了解。当你拿到大学的 offer 时，最好再去你心仪的学校进行第二次的深度游和交流，这不仅能让你更好地了解校园环境和文化，还能让你在游览过程中，进行一些专业的横向和纵向比较。因为到这个时候，你通常已经有了心仪的专业，这样的校园游，意义会更加丰富。

    很多家长和学生在进行校园游后，受益良多。在最后接受 offer 选择大学时，他们少了许多困扰，因为他们已经实地考察过，心中有数。然而，除了表面的了解外，我建议最好能够有更深入的内容，比如说，进行专业的比较，了解大学的教育中心和职业教育服务，看看大学对职业发展的支持如何。当然，最重要的是了解学术方面的支持如何。这些深入的了解，将帮助你更全面地认识你即将就读的大学，还能帮助你在未来的职业规划中占得先机。

第四章　初次见面：校园之旅的开始

8 月的某一天，我带着刚来加拿大的两个同学 Mary 和 Nancy 去参观多伦多大学的校园，她们是准备升读加拿大大学的中学留学生。Mary 将来想读工程，而 Nancy 对建筑设计非常感兴趣。这是她们第一次来到多伦多大学。

Mary 激动地问我："我们在哪里碰面呢？"她说最好在大学的正门见面。

我笑了笑，告诉她："这边好像没有正门的。加拿大的大学都是开放式的。"

Mary 有些困惑："没有正门？那我就很难找到了。"她解释说，在中国的一些大学里，进门口还需要登记。

当然，国情不同。加拿大的大学通常没有像中国那样明显的正门。大多数加拿大大学的校园是开放式的，没有围墙或明显的入口，校园建筑分布在城市的不同位置，学生和游客可以从多个方向进入。这样的设计反映了加拿大大学开放和包容的理念，也使得校园更加融入城市环境。

我理解她的困扰，想了一下说："好吧，那我们就从南面的多伦多大学校门那边进来吧。那里有个写着'University of Toronto'的标志。你们来多伦多大学，怎么能不拍几张这儿的照片呢？不然别人还以为你们没亲身经历呢！"

Mary 和 Nancy 松了口气，点点头。于是我们决定就在那里碰面，开始我们的多伦多大学历史名胜半日游。

我们从多伦多大学南边的校友会捐赠的大门进入，这个大门建于 1932 年，由一群热心的校友捐赠而成。它不仅象征着校友对母校的支持和热爱，也是进入这所著名大学的一扇"历史之门"。

进入大门后，我们沿着国王学院大道（King's College Road）前行。多伦多大学前身是国王学院。这条大道两旁布满了历史悠久的建筑。Mary 看到右手边一栋大楼，问我："这栋大楼是什么？"我解释说："这就是著名的大学学院（University College），是大学最古老的建筑之一，建于1853年，拥有独特的哥特式建筑风格。据说，这里曾经是学生们进行讨论的重要场所。"

大学与学院制，是从英国复制过来的做法，加拿大成立上百年的大学仍保留这种传统。我花了点时间，给她俩讲解了七大学院的历史和建筑特色。

我们继续向前走，来到了国王学院大道的尽头，看到了一片足球场那么大的大草地。Mary指着北边的钟楼问："那座塔是什么？"我说："那是Hart House Tower，旁边的建筑是建于1919年的Hart House，是一个学生中心，里面有很多活动和设施。"

大操场右边是医学科学楼（Medical Sciences Building），这座现代化的建筑于1969年落成，是生物医学研究和教学的重要基地。许多世界知名的医学研究成果都诞生于此。操场左边是行政楼（Simcoe Hall），建于1924年，是校长办公室所在地。这座建筑不仅是大学行政管理的中心，也见证了多伦多大学的许多重要决策和发展历程。而它旁边的大礼堂（Convocation Hall）建于1907年，是学校举行重要活动和毕业典礼的地方，每年的毕业季，成千上万名毕业生和家长聚集于此，庆祝他们的重要时刻。她俩走进大草坪拍照，因为站在那儿向南看，可以看到远处的CN Tower，是最佳拍摄地点。从这也可以看出，多伦多大学与这个城市的紧密联系。

Nancy插话道："我将来想读工程学院，这里离那儿远吗？"

我说："工程学院就在圣乔治（St. George）街，我们可以走过去看看。"圣乔治街是与国王大道平行的另一条主要道路，这条街道贯穿了多伦多大学的圣乔治校区（St. George Campus）。这里可以眺望到北美最大的图书馆之一——多伦多大学图书馆。图书馆对面是研究生院，不远处是著名的罗得曼商学院（Rotman）。除了工程学院（Faculty of Engineering）外，圣乔治街上还集中了学生活动中心（Student Activity Centre）和文理学院（Faculty of Arts and Science），为学生提供了丰富的学术和课外活动。

再往西走，就是士巴戴拿街（Spadina Avenue），来到了建筑与设计学院（John H. Daniels Faculty of Architecture, Landscape, and Design），Mary对它充满了好奇和向往。我解释道："这座建筑设计学院的外观非常有特色，是一座现代风格的建筑，建于20世纪中期。它的设计融合了功能性和美观性，非常适合建筑设计的学习。"

从建筑与设计学院向南走，沿着电车轨道，可到达多伦多著名的唐人街。对于华人学生来说，这里不仅是品尝家乡美食的好去处，也是一个能够感受到浓厚中华文化氛围的地方。在这里，你可以找到熟悉的味道，缓解思乡之情。

我带着 Mary 和 Nancy 探索这座充满活力和机遇的校园。

分手时，她们告诉我，我们会努力，争取考上多伦多大学！

第五章　大学申请前的专业探索

实地考察大学，对留学生的专业选择有一定的帮助。上一章讲到中学生报名参加大学开放日，游历校园后可以对大学和专业选择有所规划。到了中学毕业阶段，可以结合之前校园游的经历，对感兴趣的、打算申报的专业，再花点工夫做一番比较研究。以下是我与一位参观完多伦多大学的中学毕业生的对话。我们交流的话题围绕如何对心仪的专业进行探索展开。

"Jonathan，你考虑好要申请什么专业了吗？"我问道。

"还在考虑中，选专业真的挺难的，"Jonathan 回答，"我知道专业的选择对未来很重要，但具体该怎么进行专业探索呢？"

"这是个好问题，"我说，"要想在加拿大读上好大学好专业，专业探索是基础的功课。每次给留学家庭做升学辅导时，我都会围绕以下四点来做学术探索：专业学位、核心课程、授课教授和就业方向。"

Jonathan 点点头："那具体要怎么做呢？"

"首先，你需要了解自己的兴趣、能力、性格和未来规划，然后看看这些是否与大学专业的要求和条件相匹配。"我解释道，"加拿大大学的专业（Program）概念较宽泛，有基础学科、应用学科、新兴学科，甚至跨领域交叉学科。同一专业在不同大学可能有不同的教学和研究方向。"

"那我该怎么比较这些专业呢？"Jonathan 问道。

"在确定专业之前，你可以将心仪的专业进行比较，比较元素主要包括：专业分类的特点、课程设置、师资力量和研究资源以及就业方向。"我继续解释，"比如，课程设置就非常重要。你要研究不同大学相同专业的课程设置，了解每所大学在该专业上的特色和优势。"

Jonathan 点了点头："我明白了，课程设置能够反映出专业的侧重点，比如理论与实践的平衡、科研机会等。"

"没错，"我说，"而且你还要考察各个大学在该专业领域的师资力量和研究资源，这能帮助你选择一个可提供良好学习环境的大学。了解授课教授的背景和研究领域也很重要。"

"对，这样我就能知道我在这个专业里能得到什么样的学术资源和支持。" Jonathan 说。

"此外，就业方向也是必须考虑的因素，"我补充道，"你要研究该专业的毕业生就业情况和职业发展路径，确保所选专业能为未来的职业规划奠定良好的基础。"

"听起来我需要做很多研究。" Jonathan 笑着说。

"确实是这样，"我说，"比如，多伦多大学提供的专业非常丰富，三个校区有几百个专业项目。你可以通过查找学校的专业页面，了解每个专业的课程设置和学位要求；然后比较相同专业在不同学校的差异，这样你才能做出最适合自己的选择。"

"曾经有留学生咨询我，相同专业在不同学校会有很大的区别吗？"我继续说道，"当然会有区别，我们一起打开电脑，做专业的比较，所谓'货比三家'。比如计算机科学是热门专业之一，在安大略省大学申请网输入关键词 'Computer Science'，会跳出在安大略省 20 多所大学里共有 106 个计算机专业。多伦多大学的计算机科学专业近年一直在全加拿大排名第一，其次是滑铁卢大学，其他几所大学如麦克马斯特大学、约克大学和女王大学等，计算机科学专业也不错。""我们仅以多大和滑大做专业比较。首先，两所大学对专业描述不一样，多大较为注重理论化，滑大比较注重实用性，说明两所大学的学科专业设计者的不同风格。其次，所属学院不同，多大计算机科学专业在主校区属于文理学院，滑大计算机科学专业属于数学学院。"

"哦，这样看来，两所大学的课程设置也会有所不同吧？" Jonathan 问道。"是的，多大开设 75 门专业课，滑大开设 79 门，此外多大计算机科学专业与工程学院的计算机工程专业有交叉课程，滑大计算机科学专业与工程学院的计算机工程、软件工程和系统设计工程等三个专业有交叉课程。"

"录取条件呢？" Jonathan 问。

"多大和滑大对申请人 12 年级分数要求很高——90 分以上，并且需要面试和递交个人材料。滑大建议申请人 11 年级选修计算机科学入门，参加滑铁卢协办的欧几里得数学竞赛和 CCC 计算机竞赛。对留学生语言要求上，滑大要求雅思成绩 7.0 分，比多大略高。"

"经过一番努力，我们指导学生逐一对照这些因素，了解两所大学的异同，从而做出适合自己的选择。"我总结道。

"听起来确实需要花不少时间和精力来做这些比较。"Jonathan 感慨道。

"没错，但这也是为了帮助你找到最适合自己的专业和学校。毕竟大学的选择对你的未来发展至关重要。"我鼓励道。

Jonathan 点点头，表示理解："谢谢你的详细解释，我会认真考虑这些因素。"

在加拿大，大学申请的时间相对宽松。通常情况下，学生在进入 12 年级的 9 月开始，有一个学期的时间来填报大学申请的志愿。一个学期大约有五个月，这段时间里，学生可以仔细考虑并选择他们感兴趣的大学和专业。

与中国的高考制度不同，加拿大大学的专业选择主要取决于高中所选的课程。也就是说，学生在高中阶段选择的课程将直接影响他们在大学可以选择的专业。因此，在这一大前提确定后，进行大学专业的探索就显得尤为重要。

加拿大的大学申请提供了相对较多的选择。对于国际留学生来说，每个专业一般都会保留 5~8 个名额。虽然各个学校和专业的排列有所不同，但多样化的选择也带来了新的挑战。除了选择不同的大学，如何进行专业的探索和比较也变得非常重要。

在专业探索的过程中，学生应该考虑以下几点。

兴趣和热情：选择一个真正感兴趣的专业，这样学习起来会更有动力。

职业前景：了解该专业的就业前景和职业发展路径，确保所选专业能为未来的职业规划奠定良好的基础。

课程设置：研究不同大学相同专业的课程设置，了解每所大学在该专业上的特色和优势。

师资力量和研究资源：考察各大学在该专业领域的师资力量和研究资源，以便选择一个能提供良好学习环境的大学。

校友网络和支持：了解该专业的校友网络及其对新生的支持情况，这对将来的职业发展可能有很大帮助。

　　正因为有了更多的选择，学生在申请前进行详细的专业探索和比较是至关重要的。这不仅能帮助他们做出更明智的选择，还能确保他们在大学期间最大限度地发挥潜力，朝着自己的职业目标前进。

第六章　收到录取通知书，再次校园游

John 和 Matthew 分别收到多伦多大学的社会科学（人类学专业）和心理学专业的 offer，约定参加学校的开放日。这次，他们带着一个重要任务——了解如何规划未来的学业，特别是关于选课的问题。到了事先预约好的那天，学校安排了一位学长接待他们，解答他们的疑惑。

"欢迎你们，John 和 Matthew，"学长热情地说道，"恭喜你们收到了多伦多大学的录取通知书。今天我会带你们参观校园，并回答你们关于选课和学业规划的问题。"

John 和 Matthew 微笑着点头，感谢学长的接待。

"我们听说大一新生通常每学期会选大约五门课，对吗？" John 率先发问。

学长点了点头："是的，通常情况下，大一新生每学期会选五门课程，这相当于每学期 2.5 个学分。一个完整的学年包括两个学期，每个学期五门课程，这样可以在四年内完成学位要求。"

Matthew 接着问："那如果我们每学期只选四门课呢？这样会不会轻松一点？"

学长耐心地解释道："每学期选四门课是可以的，但你们需要注意一些事项。首先，要保持全日制学生身份，因为这是留学生学签的条件，全日制学生每学期至少需要选修三门课程，约 1.5 个学分。四门课程（2.0 个学分）完全符合这个要求。但如果每学期只选四门课，你们可能需要五年甚至更长时间才能完成学位。不过，你们也可以通过在夏季学期选修额外的课程来弥补学分。"

Matthew 若有所思地点了点头："那这样选四门课，倒是可以让我有更多时间适应大学生活、参加课外活动，还可以处理一些个人事务。"

学长微笑着说："是的，选择四门课可以更好地平衡学业和生活。特别是对于刚从高中毕业的新生来说，适应大学的学习节奏是非常重要的。少选一门课还能让你们更专注于每门课程，提高学习效果。"

John 补充道："所以我们最好在第一学期不要选太多高难度课程，给自己一个过渡期。"

学长赞同地说："没错，这样你们可以更好地适应新的学习方式和节奏。此外，多参加校园活动，结识新朋友，也是很重要的。另外，有一种提法，多大是以学分来划分年级的：大一总学分小于 4 分，4~8.5 个学分，就是大二，大三 9~13.5 个学分，大于 13.5 分就是大四。是不是听起来有点新鲜？无论如何，有足够学分还要注意成绩分数哦。你们可能听过 GPA（Grade Point Average，平均学分绩点），它是由课程分数平均算出来的。多大有三种 GPA：第一种是 cGPA，即所有的课加起来算平均；第二种是 aGPA，即一整年上的课加起来算平均；第三种是 sGPA，即一个学期的课加起来再算平均。这三种 GPA 都会显示在你的 transcript（成绩单）上。多大的毕业要求是 cGPA 需要 1.8⋯⋯"

John 打断道："听说在多大毕业，有三种选择：第一，读一个专修（Specialist）；第二，读两个主修（Major）；第三，读一个主修 + 两个辅修（Minor）。在这三个选择里，任选一个都可以毕业，对吗？"

学长点头："对的，专修是有 13 个学分的专业课，主修 6 个学分专业课，辅修是 3 个学分专业课。"

John 问道："关于专业选择，我看了一下是在大一的下半学期或者暑假的时候，就需要准备选专业。学长，我该怎么准备？"

学长耐心地解释："在申请进专业之前，你需要了解进专业的要求，因为每个专业的毕业要求不一样，所需要的课程和分数也不一样，因此可以去每个专业的网站上查看相关要求。例如，你们俩的专业，都在文理学院。如果上了一年，想换专业，文理学院之间可以随意换专业，不需要额外申请；但要留意，转入商科、计算机科学这些专业有很高难度，最好打听清楚。"

Matthew 突然想到："学长，听说在大学里职业规划也非常重要。你能分享一下你是如何在本科时做职业规划的，以及如何顺利衔接到研究生学习的吗？"

学长毫无保留地分享道："当然可以。我在本科时，先是明确了自己的兴趣和职业目标。我参加了学校提供的职业规划讲座和工作坊，定期与职业顾问见面。大二时，我开始参与实习和科研项目，积累实际经验。大三时，我准备考研，参加相关的培训班，并在导师的指导下完成了几篇研究论文。最终，这些规划和努力帮助我顺利进入了研究生阶段。"

John 和 Matthew 听得津津有味，连连点头表示感谢。

最后，学长带他们来到大礼堂："这里是每年举行毕业典礼的地方。我预祝你们四年或五年后能在这里顺利毕业，领到学位证书。"

John 和 Matthew 感激地说："我们一定会努力的，到时候在这里见。"

学长微笑着说："我相信你们一定会做到的，欢迎你们随时来找我咨询。"

两人满怀希望地继续跟随学长探索这座充满活力和机遇的校园，期待着即将开始的大学生活。

……

每年，为了帮助新生顺利进入大学生活，我总会提出以下建议：

（1）了解你的专业和学位要求，每个专业和学位都有特定的课程要求。在选课前，确保你已经了解了这些要求，包括必修课程和推荐课程。

（2）新生指导和资源。加拿大大学提供新生指导和资源，帮助学生选择适合的课程，可以参加新生迎新活动和咨询学术顾问，以获取更多信息。

（3）使用课程选择工具。例如多伦多大学提供了一些在线工具，如Degree Explorer 和 Academic Calendar，这些工具可以帮助你规划课程，并确保你满足学位要求。

（4）基础课程。大一新生通常会选择一些基础课程，这些课程不仅能帮助你打好学术基础，还能满足一些专业的先修要求。例如，如果你计划主修科学类专业，通常需要选择一些数学、化学或生物学课程。

（5）兴趣爱好。除了必修课程外，你也可以选择一些自己感兴趣的课程。大一是探索各种学科的好时机，可以选择一些选修课，了解不同领域的知识。

（6）平衡课业量。尽量保持课程的平衡，不要一下子选太多难度高的课程。合理安排课业量，确保有足够的时间进行复习和课外活动。

（7）时间管理。注意课程的时间安排，确保课程之间有足够的休息时间，并避免课程过于紧凑。

（8）咨询学术顾问。如果有任何疑问或不确定性，可以随时咨询学术顾问，他们可以提供个性化的建议，帮助你做出最佳选择。

第三部分
揭开专业与职业规划的神秘面纱

在谈到加拿大大学的专业选择和职业规划时，留学生及其家长常常会感到困惑，提的问题也各有千秋。家长通常会直接问出一个非常现实的问题："学这个专业有什么出路？"而学生们如果对自己的未来职业规划不太清晰，也会说："有什么好就业的专业就选什么专业。"从某种程度上说，大家都非常关注专业与职业之间的关系。毕竟，读书是为了将来能找到一份好工作。

其实，无论是专业方向、专业出路，还是就业方向、就业出路，都是希望毕业后有更好的就业机会。了解专业出路，说白了就是要认识专业和未来的职业。为什么要认识专业呢？因为了解专业的课程设置、了解大一大二的课程安排都是至关重要的，而认识职业是因为每个专业对应的职业出路并不单一，可能有多个职业选择。因此，每个心仪职业角色你都需要有所了解。

那么，为什么在大学已经提供了大量专业资料的情况下，家长和学生们还是有这么多疑问呢？很大的原因是，专业与职业的关系有时并不是那么直接对口的，一个专业可能对应多种职业出路，不局限于单一职业。这就需要我们深入了解两者的关联。

我在国内接受过大学本科至博士教育，又在学校教书多年，熟悉中国大学的分类。移民加拿大后也曾在学院进修，出于指导留学生升学的工作需要，对加拿大国家整体进行过研究。我发现，如果将加拿大大学和专业分类、加拿大行业和职业分类弄清楚，并了解中加两国在教育和职业上的区别，这样，对于我们理解加拿大的专业与职业关系有所帮助，同时也会对不少人所纠结的专业方向、专业出路，有实际指导意义。了解专业的出路，我们不仅能更好地做出选择，还能在大学期间更有针对性地进行职业规划。通过这次探索，我们希望能帮助大家更加重视在大学期间的职业规划，而不仅仅是选择一个看起来有"好出路"的专业。

　　让我们一起来揭开专业与职业规划的神秘面纱！

第七章　专业与职业规划，家长与学生的奇妙问答

一、家长问——大学专业方向

家长：朱老师，我真的搞不清楚，加拿大大学里那么多专业，我孩子应该选什么？

我：哈哈，这确实是个头疼的问题。加拿大大学的专业五花八门，从工程到艺术、从科学到人文，应有尽有。要知道，专业的选择不仅关乎孩子的兴趣，还关系到未来的职业道路。比如，选了工程专业，未来就很可能要跟各种机器设备打交道；选了艺术专业，可能会过上文艺青年的生活，当然也要面对市场的竞争。最重要的是，孩子自己要有兴趣，这样学习起来才会有动力。

家长：那万一他对很多东西都感兴趣呢？比如科学、音乐还有文学？

我：这其实是好事啊！加拿大的大学有很多跨学科的课程和项目，可以满足学生的多方面兴趣。你可以建议孩子选择一个主修专业，再辅修其他感兴趣的学科，或者选那些提供双学位的项目。这样不仅能拓宽知识面，还能为未来的多种职业选择打下基础。

家长：我想问一下，在加拿大，孩子读这个专业将来的出路怎么样？

我：这是个好问题！说明你已经意识到教育的重要功能是为社会服务，并且关注专业的实际出路。这非常好！有时候问题可能听起来有点功利或者简单，但这些问题其实反映了你们对孩子未来的深切关心。至于你的孩子读这个专业将来的出路怎样，大学专业网页有专门的介绍，需花点时间了解。

这些年，我在加拿大扮演类似国内"高考志愿填报指导师"的角色，在

孩子拿到多个加拿大大学发出的预录取 offers 时，和家长孩子一起做最后的选择确定。在这个关头，家长头疼不已，常常有许多疑问。所以，有家长把心里的话也掏出：我家孩子在加拿大读这个专业，好不好就业呢？假如你是我，你会怎么去回答呢？

在加拿大，很多在中国被认为是冷门的专业，其实在这里有很好的发展空间。比如，人文社科专业的学生，可以进入社会服务、政策研究或者非营利组织工作。再如，生物化学专业的学生，可以在制药公司、科研机构或者生物技术公司找到工作机会。像多伦多大学的社会学专业，不仅教理论知识，还提供很多实践机会，让学生积累经验。同样，麦吉尔大学的生物化学专业通过实习和研究项目，让学生在毕业前就能接触到实际工作。

家长们可能会担心："我家孩子觉得这个专业太冷门了，将来怎么找工作？"其实在加拿大，专业的出路非常灵活。即使是冷门专业，通过跨学科选修和实习机会，学生也能找到合适的职业道路。我们有不少留学生毕业后很快找到工作的案例。

家长们要理解，在加拿大的教育体系中，专业的热度并不能完全决定未来的就业前景。我身边的孩子即便选择的是热门专业，比如计算机科学或者商科专业，也不代表就业就特别轻松。如果学生不能将专业学习和职业发展紧密结合，则仍然可能面临就业困境，所以，选择热门专业的学生也要小心。热门专业不一定就意味着未来就业没有问题。如果没有充分的职业准备和技能积累，那么热门专业的毕业生也可能面临就业困难。比如，地理信息系统专业虽然在大学里很热门，但如果学生没有相关的实践经验和技能，找工作时也会遇到困难。

所以，当我们探讨专业的方向时，要把视角放大。不仅要看大学的专业介绍，还要关注加拿大和中国在教育和就业市场上的差异，理解专业与职业之间的紧密关系。这种全面的视角会帮助孩子更好地规划职业未来。比如，如果孩子对生物制药感兴趣，可以鼓励他关注相关的招聘会和公司信息，为未来做好准备。

二、加拿大五大名校的专业设置及方向

为了帮助孩子了解专业与职业的关系，家长可以参考加拿大五大名校提

供的资源和信息。

1. 多伦多大学

我们先看看大学的专业设置和方向。每个大学在招生时都会明确这个专业的课程设置、学位构成和专业方向。例如，在多大，人类学专业毕业生，将会从事哪些工作？根据多大历年毕业生去向资料，属于人文学科类的毕业生去向是多元化的（见图7-1）。

your degree after graduation

University of Toronto Anthropology alumni most frequently apply their **research** and **critical thinking** skills in these industries:

- ☑ Education
- ☑ Research
- ☑ Media and Communication
- ☑ Healthcare Services
- ☑ Administrative
- ☑ Sales
- ☑ Community and Social Services
- ☑ Consulting
- ☑ Program and Project Management
- ☑ Finance
- ☑ Culture and Heritage
- ☑ Government and NGOs

图 7-1　多伦多大学毕业生去向

多伦多大学官网有一个"职业导航仪"（Career Navigator）模块，可以帮助学生了解各专业的职业前景（见图7-2）。这个工具将主要专业分为七大类，详细展示了每个专业的就业情况。比如，你可以看看人文学科属下各专业学生毕业后可以从事哪些工作。多伦多大学官网：https://careernavigator.studentlife.utoronto.ca/。

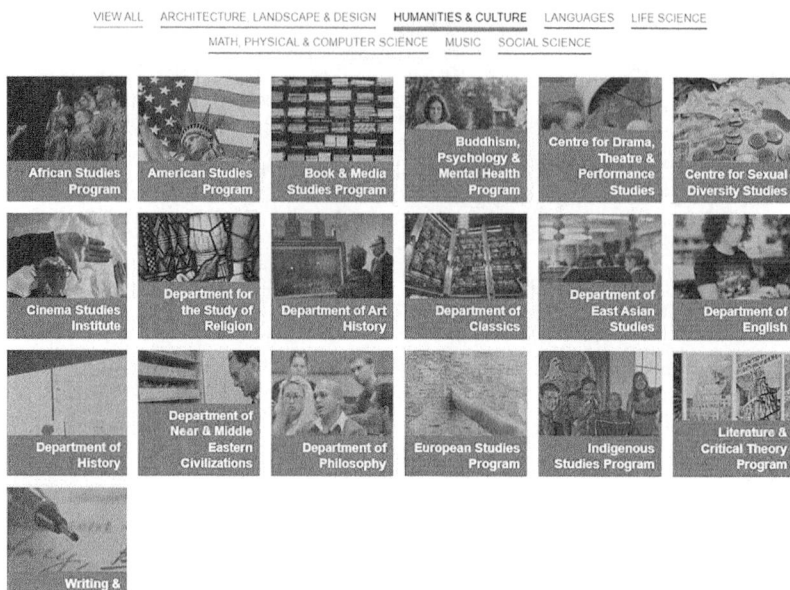

图7-2　多伦多大学官网"职业导航仪"页面

2. 英属哥伦比亚大学（UBC）

UBC的新专业如生物经济科学与技术（Bioeconomy Sciences and Technology）为学生提供了广泛的职业选择。这是一门以适应加拿大不断增长的生物经济需求而开设的跨学科综合专业。这个专业的毕业生可以从事能源工程师、生物质转化专家等职业。对这门新专业感兴趣的人，想了解包括申请条件、四年大学的核心课程、实习机会等更详细的资料，可以在理学院官网查询：https://forestry.ubc.ca/future-students/undergraduate/bsc-in-natural-resources/bioeconomy-sciences-technology/。

UBC的学生服务中心还提供针对理学、文学、工程、土地食物系统和林业五大专业学位的职业和经验页面，帮助学生了解学位与职业的关系（见图7-3）。比如，看看他们的理学学位如何与未来的职业联系起来。对于如何将自己在读的学位与将来工作的职业有机地联系起来，并做好工作准备，这个网址值得推荐：https://students.ubc.ca/career/your-degree。

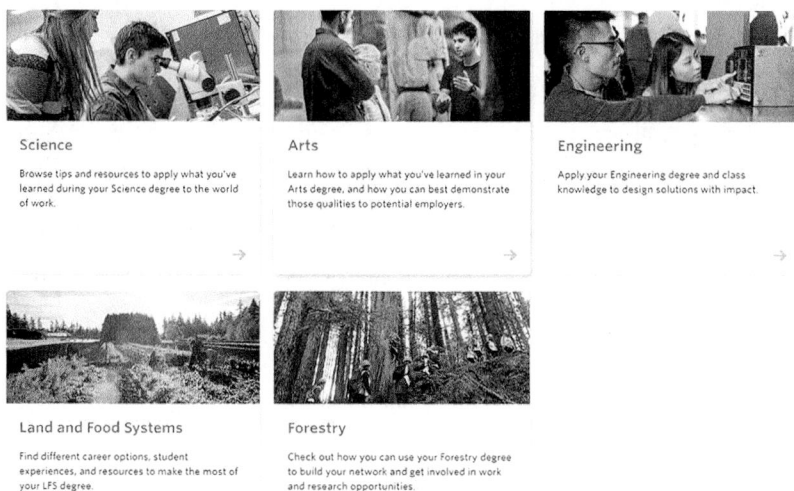

图 7-3　英属哥伦比亚大学官网“学生服务中心”页面

3. 麦吉尔大学

麦吉尔大学为学生发展提供了丰富的资源。例如，麦吉尔大学的数学与计算机科学（Mathematics and Computer Science）专业，不仅教授理论知识，还提供实际的职业导向（见图 7-4）。详情可浏览以下网站：https://www.mcgill.ca/undergraduate-admissions/program/mathematics-and-computer-science-faculty-arts。

Careers

A background in the fields of mathematics and computer science has become increasingly valuable, with our economies relying greatly on data analysis and problem-solving abilities. The program provides a unique combination of two thriving and high demand fields. Should you wish to further your skills and employability, you may want to pursue further studies in either or both fields.

You could become a professional:

- Economist
- Data analyst
- Software developer
- Mathematician
- Web developer

图 7-4　麦吉尔大学官网“职业导向”页面

学生可以在入学后通过职业生涯规划服务（Career Planning Service）获得更多就业机会和资源。比如，一个计算机科学专业的学生，可以在这里找到与软件开发相关的实习机会。

4. 滑铁卢大学

滑铁卢大学以其职业导向的专业而闻名，尤其是计算机科学专业。学校网站提供了毕业生的职业去向实例，比如有学生在 Google、Facebook 等公司工作（见图 7-5）。详见链接：https://uwaterloo.ca/future-students/programs/computer-science。

WHAT CAN YOU DO WITH A DEGREE IN COMPUTER SCIENCE?

Graduates typically pursue careers in technology such as software development and game development. They often work for software companies, technology companies, and more.

Recent graduates

- Financial Software Developer – Bloomberg
- Software Developer – Pinterest
- Data Scientist – Facebook
- Software Engineer – Google
- Engineer, Relevancy – Wish
- Software Developer – Palantir Technologies
- Software Engineer – Dropbox

图 7-5　滑铁卢大学计算机专业毕业生主要职业去向

至于对数学、代码和数据有爱好和特长的学生，学校罗列了 24 项相关专业，并为专业方向、就业机会提供最新资讯，值得一读。更多相关专业和就业机会的信息请参考链接：https://uwaterloo.ca/future-students/missing-manual/careers/future-careers-mathematics。

5. 阿尔伯塔大学

阿尔伯塔大学也提供详细的职业规划和专业介绍，家长们可以通过该校的学生服务中心获得更多信息和资源。链接：https://www.ualberta.ca/services/student-service-centre/index.html。例如，石油工程专业，学生可以在油气行业找到相关工作（见图 7-6）。

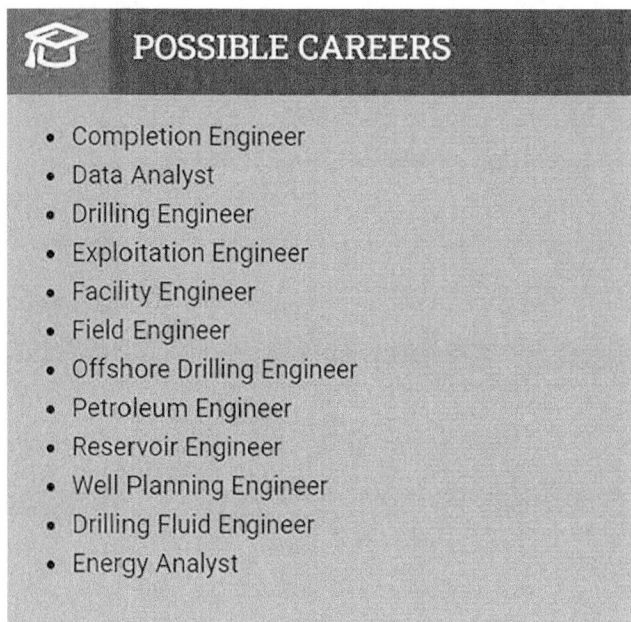

POSSIBLE CAREERS

- Completion Engineer
- Data Analyst
- Drilling Engineer
- Exploitation Engineer
- Facility Engineer
- Field Engineer
- Offshore Drilling Engineer
- Petroleum Engineer
- Reservoir Engineer
- Well Planning Engineer
- Drilling Fluid Engineer
- Energy Analyst

图 7-6　阿尔伯塔大学石油工程专业毕业生主要职业去向

三、利用大学资源进行专业与职业搜索

（1）利用大学的职业导航工具。比如多伦多大学的 Career Navigator，可以帮助学生了解各专业的就业前景。试着使用这个工具，看看不同专业的就业数据和前景。

（2）访问大学的学生服务中心。每所大学都有学生服务中心，提供职业规划、实习机会和就业指导。例如，UBC 的 Career and Experience 网页，你可以在那里找到关于各专业的详细信息和就业指导。

（3）查看大学官网的专业介绍。每个大学官网都会详细介绍专业课程、就业方向和相关资源。家长们可以通过这些资源帮助孩子更好地规划未来。比如，麦吉尔大学的 Career Planning Service，可以为学生提供具体的职业建议和资源。

（4）参加大学的招聘会和职业讲座。大学通常会举办各种招聘会和职业讲座，提供与雇主直接交流的机会。这是了解行业需求和就业机会的好途径。

例如，滑铁卢大学的招聘会，经常吸引许多知名公司来招聘。

通过这些资源，家长们可以帮助孩子更好地了解各个专业的职业前景，并利用大学提供的丰富资源进行深入探索和准备。这不仅有助于孩子选择适合自己的专业，还能在他们的职业规划中起到重要作用。

四、学生问——职业前景

学生：Frank 叔叔，我现在对未来很迷茫，不知道学什么专业好。你有什么建议吗？

我：哈哈，这个问题很常见。首先，你得考虑一下自己的兴趣和擅长的领域。比如，你喜欢动手操作还是更喜欢理论研究，喜欢跟人打交道还是更喜欢独自工作？这些都能帮你缩小选择范围。

学生：那如果我现在还不确定未来要做什么工作呢？

我：没关系，不用太焦虑。很多人都是在大学期间慢慢找到自己喜欢的方向的。你可以先选择一个广泛的专业，比如科学、艺术或者商科，这些领域都有很多分支，能给你更多的探索机会。而且，加拿大的教育体系灵活，你可以在大学期间转专业或者增加辅修，找到最适合自己的道路。

"加拿大什么职业好就业？我大学就选什么专业。"这是很多留学生常问的问题。相比家长的困惑，学生似乎淡定得多。他们觉得未来有很多不确定因素，有些人会走一步看一步，还有些人抱着"骑牛找马"的心态。毕竟，在加拿大转学科相对简单。对于这些年轻学生来说，他们大多只专注于眼前的任务，很少考虑未来的路障。

五、职业前景相关的求职资源

加拿大政府的 Job Bank，是一个非常重要的求职资源。我靠 Job Bank 找到了在加拿大第一份工作。我还记得初到加拿大的经历。那是 20 世纪 90 年代，当时我们找工作都是去当地的职业中心。我在 BC 省（不列颠哥伦比亚省）维多利亚市的市政府就业中心寻找工作机会。那时的求职方式已经比用图钉钉在布告板上先进了一步，我们用卡片来记录职位信息，就像在图书馆找书一样。从一排排的卡片中挑选适合的职位，记下餐厅的地址和电话，然后打电话预约面试。我记得很清楚，那是在圣诞节前后，我找到了一些餐厅的职位空缺，并成功申请到了工作。这段难忘的求职经历，让我尝到了在 Job Bank 找工作的甜头。

Job Bank 的历史可以追溯到 1918 年。第一次世界大战结束后，成千上万的退伍士兵回到家乡，急需找到新的工作和生活方向。为了帮助他们重新融入社会，加拿大联邦政府通过了《就业办公室协调法》，在全国各地设立了就业办公室，这些办公室带给退伍士兵们新希望，帮助他们重新开始。1940 年，加拿大成为首批通过《失业保险法》的国家之一。这项法案将全国各地的就业办公室整合成一个统一的国家就业服务体系，让求职者可以更方便地找到适合自己的工作。到了 1980 年，随着科技的发展，加拿大政府推出了"Cantel"系统——世界上首批公共计算机网络之一。这个系统让加拿大人可以在全国范围内通过国家工作银行数据库搜索工作。在那个年代，能用电脑找工作可是个大新闻！1996 年，互联网时代来临，加拿大政府通过了《就业保险法》，进一步转型国家就业服务。Job Bank 网站应运而生，让任何有互联网访问权限的人都可以在线浏览全国的工作机会。这一举措彻底改变了求职方式，让工作信息触手可及。为了跟上快速发展的时代，Job Bank 网站在 2014 年进行了现代化改版，新增了数百个来自各种新来源的职位，还引入了先进的职位搜索功能，比如职位匹配。这让求职者可以更高效地找到适合自己的工作，雇主也能更精准地找到合适的员工。随着移动互联网的普及，Job Bank 在 2018 年推出了移动应用，让求职工具可以通过手机随时随地使用。这一创新让求职变得更加便捷，为求职者提供了前所未有的灵活性。

现在的 Job Bank 是加拿大全国性数字化求职的领导者，也是加拿大领先的求职和劳动力市场信息来源，每月广告超过 10.5 万个职位，有 30 万注册雇主，达到 1470 万次职位浏览量。Job Bank 不断改进服务，包括为寻找绿色工作机会的求职者新增页面，允许临时居民在创建 Plus 账户时自报身份，并改进了学校到工作的过渡工具和工作概况信息。现在，Job Bank 依然在不断更新，为求职者和雇主提供大量资讯和支持。①

---

① 资料来源：https://www.jobbank.gc.ca/aboutus。

对于家长和学生来说，Job Bank 是一个非常宝贵的资源，从图 7-7 可以看到它的四大功能：求职（Job search）、职业规划（Career planning）、就业前景（Labour market information）和招聘（Hiring）。

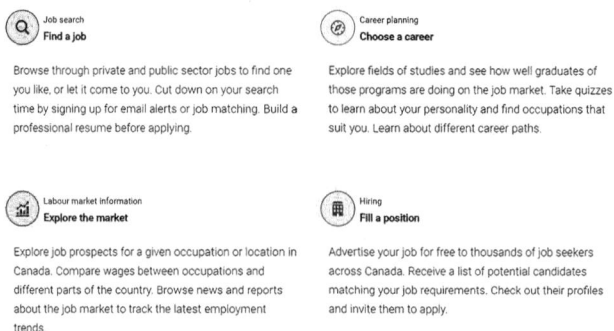

Job search
Find a job
Browse through private and public sector jobs to find one you like, or let it come to you. Cut down on your search time by signing up for email alerts or job matching. Build a professional resume before applying.

Career planning
Choose a career
Explore fields of studies and see how well graduates of those programs are doing on the job market. Take quizzes to learn about your personality and find occupations that suit you. Learn about different career paths.

Labour market information
Explore the market
Explore job prospects for a given occupation or location in Canada. Compare wages between occupations and different parts of the country. Browse news and reports about the job market to track the latest employment trends.

Hiring
Fill a position
Advertise your job for free to thousands of job seekers across Canada. Receive a list of potential candidates matching your job requirements. Check out their profiles and invite them to apply.

图 7-7　Job Bank 主页

它可以帮助年轻人从学校过渡到职场，提供就业市场分析工具等实用资源。比如职业规划部分，包含了很多实用的工具和建议，如职业测验、职业简介、技能和知识清单等：

——从学校过渡到工作的实用探索工具（School to Work Transition Tool）

——了解自我的职业测验和测试（Career Quizzes and Tests）

——探索职业的职位简介（Job Profiles）

——转换工作的探索工具（Job Transition Tool）

——找到最适合的职业技能和知识清单（Skills and Knowledge Checklist）

——职业规划建议（Career Planning Advice）

一句话总结 Job Bank 给出的职业规划建议：Plan your education and training for the career you want（为你想要的职业规划自己的教育和培训）。这意味着我们应该根据职业要求和技能条件来选择专业，并武装自己。

大学专业是否能培养出适应未来社会需求的综合素质和能力，同时自己的兴趣和天赋能否帮助在未来的职业生涯中找到满足感和成功的机会，这才是打开专业与职业话题的正确方式。

强烈建议留学生，花时间了解你心仪的职业，包括就业形势、职位空缺、工资薪酬、职业前景、工作技能、工作地点和工作要求等。反过来看工作的职位要求和基本要求与专业的关系，这样才能理解专业与职业的互补关系。

六、善用加拿大的资源，条条大道通罗马

从家长的角度来看，中国的家长对于专业与职业的关系，从他们自己的成长中也能够理解，毕竟教育的功能是共通的。包括专业的特点，我相信他们也能够理解，只不过可能不太熟悉加拿大的环境，假如他们对加拿大教育能够有所认识，对加拿大的职业或者职业的环境有所了解，或者说对其就业市场有所了解，再面对这样的话题就不会有太多的困惑。另外，我们还需要考虑学生的兴趣和天赋。选择一个学生感兴趣且擅长的专业，可以激发他们的学习动力，从而提高他们学术表现。这不仅有助于他们在大学期间取得好成绩，也可为他们未来的职业发展打下坚实的基础。反之，如果选择一个他们不感兴趣的专业，可能会导致学习上的挫败感和对职业产生不满情绪。

从学生的角度来看，理解职业对专业和技能的要求是非常重要的。通过大学的职业中心与加拿大政府的官方求职信息和网站，学生可以获得大量有用的资源和支持。

总的来说，加拿大的高等教育体系以其多样性和灵活性著称，能够满足不同学生的兴趣和职业规划需求。专业的选择不仅关乎学术兴趣，更与未来的职业路径息息相关。例如，工程学专业的学生通常会进入科技和制造业，商科专业的学生则倾向于金融、市场营销等领域。进一步的专业教育和资格认证也是许多职业的必要条件。因此，家长在为孩子选择专业时，应充分考虑孩子的兴趣、特长及其与未来职业之间的联系。而学生在选择专业时，应利用跨学科的课程设置，既满足多方面兴趣，又为未来的职业发展做好准备。通过合理的规划和选择，学生可以在加拿大的教育体系中找到最适合自己的发展道路，实现个人和职业的双重成功。

选择专业时不仅要考虑自己的兴趣和天赋，还要了解市场的需求和职业前景。只有这样，才能在未来的职业生涯中找到满足感和成功的机会。以下提出几点建议：

第一，鼓励学生提出问题，我心目中的职业在加拿大有什么专业要求和

技能条件，我就按照那些要求来选择我的专业和装备自己。

第二，选择冷门专业的学生，需要做一些适当的调整和规划，确保他们能够适应未来的职业需求。

第三，选择热门专业的学生，要积极收集利用相应的准备工具和资源，使他们能够更好地应对未来的挑战。

七、选择专业：从职业目标开始

家长：朱老师，既然专业和就业的关系没有那么大，那孩子毕业总要找工作嘛，所以是不是可以反过来，哪里好就业就读什么专业，这样不是更有保障吗？

我：这个思路挺不错的，反过来看也有道理。这样的话，首先你已经有了一个职业的角色在心里，接下来为这个角色去准备相应的专业和技能即可。

在加拿大，很多工作都需要大学本科的文凭，所以你可以通过这些资料找到相关的工作要求。比如，你想成为一名数据分析师，可以查看 Indeed、LinkedIn 等求职网站，看看这些职位需要什么样的技能和专业背景。同样重要的是，你还要考虑自己的兴趣。即使这个职业看起来很好，但如果你对它没有兴趣，可能也不会做长久。举个例子，如果你对心理学很感兴趣，但市场上数据分析师的需求很大，你可以考虑在数据分析方面进行学习，同时辅修心理学，这样既满足了就业需求，又兼顾了兴趣。而要了解这些就业机会和市场需求，回到加拿大的劳动力市场是很重要的。你可以查看加拿大政府的就业资源网站，了解各个职业的市场需求、薪资水平和发展前景。更重要的是，大学里其实有大量的资源可以帮助你做好职业准备。大多数大学有职业规划服务中心，提供实习机会、职业咨询和求职指导。比如，多伦多大学的 Career Navigator 和麦吉尔大学的 Career Planning Service，这些都是很好的资源。

所以，总的来说，你可以通过以下几个步骤来进行职业规划：

确定职业目标：明确你想从事的职业，比如软件工程师、市场分析师、心理咨询师等。

了解市场需求：通过求职网站和政府资源，了解这些职业的需求和所需技能。

选择相关专业：根据职业目标选择相应的大学专业，并辅修或选修相关课程。

利用大学资源：充分利用大学提供的职业规划服务、实习机会和职业咨询，提升自己的竞争力。

这样一来，你不仅可以选择一个好就业的专业，还能确保这个专业是你感兴趣并愿意长期发展的。

第八章　大学和专业分类，中加两国的不同

一、加拿大和中国大学分类的差别

我发现，对于大学的分类，中加两国不同之处大致有三方面。

第一，从学校性质看，中国教育部公布的标准，从学科设置的角度来看，大致有12个大类，基本上对应了哲学、经济学、法学、教育学、文学、历史学、理学、工学、农学、医学等10大学科门类。国内大学可分为12类，即综合性大学、理工、农业、林业、医药、师范、语言、财经、政法、体育、艺术和民族院校。除了综合性大学，其余大学分门别类，较为专一。加拿大联邦政府负责制定大学学科划分，例如"教学专业分类"（Classification of Instructional Programs，CIP），但加拿大公立大学归属各省教育厅负责，各省根据本地实际情况，对省内大学专业分类加以适当调整。所以，相比之下，加拿大大学大多数为综合性大学，单一专门学科的大学并不多。理工类专门类型的大学有三所：安大略省理工大学、BC省理工大学和昆特兰理工大学；艺术类大学有五所：安大略艺术学院和设计大学、艾米丽艺术大学、阿尔伯塔艺术设计学院、诺瓦艺术与设计大学以及谢尔丹学院。

第二，从教育水平看，国内教育管理部门还会按大学发展目标和水平进行分类，例如：世界一流，国内一流，985工程，211工程，重点大学，一般大学等。加拿大各省和直辖区的教育部部长组成加拿大教育部长理事会，统筹和协调加拿大各地教育事项。但是，加拿大近百所大学没有官方的统一划分标准的分类，也没有针对大学水平划分的"一本""二本""三本"。

第三，从大学管理看，国内大学数量多，大学按不同的分类标准有着不

同的类别区分，便于统一管理。加拿大大学数目相对较少，又是双语制国家，英语和法语都是法定语言，按教学语言大学可划分为以英语、法语为主要教学语言两大类，例如魁北克省大部分的大学是法语大学，只有麦吉尔大学等少数英语授课大学。

最重要的一点，同中国教育体制和管理模式不同，加拿大没有统一管理全国教育的部门，高校管理大权归属各个省和直辖区。国情不一样，但我们可以通过《麦克林》杂志对加拿大大学的三大分类，了解加拿大大学的主要类型，以便于我们对加拿大大学进行选择。

二、《麦克林》杂志对加拿大大学的三大分类

加拿大近百所大学没有官方的统一划分标准的分类，更没有针对大学办学水平划分的"一本""二本""三本"，这与加拿大的大学教育历史、文化和制度有关。于是，非官方组织如大家熟悉的《麦克林》杂志对加拿大大学的分类，自然成为我们了解加拿大大学的钥匙。

《麦克林》杂志是加拿大本土出版的一本著名政经时事类期刊。1991年，为满足大众对加拿大大学资讯需求，《麦克林》开始出版年度教育专辑《加拿大大学指南》(*Canadian Universities Guidebook*)，旨在介绍加拿大大学，并选出约60所有代表性的大学进行分类排名，这就是我们现在所熟悉的年度加拿大大学排行榜（Rankings）。《麦克林》杂志将加拿大主要大学分为"医学/博士类"、"综合类"和"基础类"三大类别，并分别进行排名。

第一类：医学/博士类大学（Medical/Doctoral），此类大学最大特色是可以授予医学博士类文凭，因为在加拿大有能力开设医学院并提供医学专业课程的大学是相当有实力的大学。加拿大大学对医学专业审核非常严格，并非所有大学都有能力开设医学专业。划入医学/博士类的大学基本上是历史悠久、实力雄厚的各省重点研究型大学。这类大学以学术研究为主，学科齐全，专业全面，包含人文社科、理科、商科、工程、建筑、医学、法律、艺术、教育、体育等院系，拥有本、硕、博学位授予权。在安大略省，多伦多、渥太华、女王、西大、麦克马斯特等大学均在此之列。这一类别的大学被众多人视为加拿大一流的大学，所以，不少中国的留学生都是冲着这类大学而

来的。

第二类：综合类大学（Comprehensive），没有医学博士学位授予权或医学院的大学。主要集中在那些"二战"之后建立的新型大学，此类大学占加拿大大学数量一半以上。综合类大学专业也较为全面，规模并不比医博类大学小（如约克大学），名气也不比医博类大学差（如滑铁卢大学），只是没有设置医学院。在安大略省，综合类大学还包括劳里埃、卡尔顿、多伦多大都会、布鲁克和温莎等大学。同样，综合类大学也是不少中国留学生的选择。

第三类：基础类大学（Primarily Undergraduate），它们以本科学位授予为主，少数学校设有研究生课程，学科专业小而精。这类学校规模小、师生比例可观，教学注重实用性、学费较低。在安大略省，特伦特、湖首和安大略省理工等大学属于这个类别。近年，越来越多国内的留学生意识到基础类大学的特色，开始把这类学校作为自己的选择。

近30年来，《麦克林》杂志对加拿大高校的三大分类法得到了广泛的认可。如果按国内大学分类的标准，整体上，加拿大大学多为综合性大学。即使是按照《麦克林》的三分类法来看，大部分的加拿大大学提供的也不是单一专门学科，而是综合性的、以文理为基础的多学科专业教学结构。《麦克林》杂志的加拿大大学三分类更多按大学规模、学科数量和办学目的，粗线条地、大致地进行了划分。

三、加拿大与中国学科专业分类的区别

加拿大大学的学科分类是从上而下三级制：联邦政府制订教与学的学科和专业类别，比如，文科、理科、商科、工科、教育，医科等学科都是从大到小，从全面到细分。各省参照联邦政府指引，根据本省情况做出学科和专业分类上的调整，大学再根据自身条件对学科和专业细分，基本做法或者按院、系、专业等三层次学术管理架构，或者按不同学位、教学和研究方向，以及按学术性和职业性，进行分类。

第一，联邦政府制定大学专业分类标准（CIP），使教与学有章可循。

加拿大是一个联邦制国家。高等教育管理权归属各省教育厅，联邦政府只负责制定有关专上学院和大学专业项目的标准和规范，其中对大学专业项目的类别划分就体现在加拿大联邦政府 CIP 的工作上。CIP 是 Classification of Instructional Programs（教学专业分类）的缩写，主要针对大学教学而制定的专业类别。20 个世纪 80 年代，加拿大联邦政府参考美国教育统计中心的教学专业分类（National Center for Education Statistics，NCES）制定了加拿大的大学教学计划分类，由此也可看出北美教育的一体化。

目前，我们所见到的 CIP Canada 2016 是经加拿大政府教育统计中心（Statistics Canada's Center for Education Statistics，CES）协助修订的最新大学专业项目分类标准。

CIP 主要内容体系分为三级架构：

系列（Series），一共有 49 个系列：农业科学、自然科学、建筑设计、传媒、计算机信息科学、教育、工程、文学语言、人文科学、艺术、法律、生化数理、宗教哲学、科技、商业、历史、社会工作、社会科学、人体科学、健康和医学等。每一系列使用两位数字代码，例如，01 为农业科学系列的代码；60 为医学系列的代码。

门类（Subseries），每个系列下面再细分为不同子系列，即门类。门类多寡不一，但均使用两位数字代码去区分。例如 01.00 为农业，综合类；01.01 为农业商业和管理，有关农业的知识、技术、生产、食物科学技术、植物学、土壤学、农学等，按不同的数字代码，依次排列。

专业（Program），分门别类之后再用四个数字代码细分专业项目，就是大学专业教学的专业（Instructional Program Class）。比如，01.01.0102 是农业/商业运作（Agribusiness/Agricultural Business Operations）专业的代码。具体地说，该代码里的教学专业课程，包括培养在多元化公司内管理农业业务和农业相关业务的专业，例如，农业、农业专业化、企业管理、会计、财务、市场营销、规划、人力资源管理和其他管理职责等。

在 CIP 学科专业之外，加拿大政府也曾颁布过简单版本的"主要专业分类"，见图 8-1、图 8-2。

Classification structure

Code	Major level
001-046	Educational, Recreational and Counselling Services
047-079	Fine and Applied Arts
080-124	Humanities and Related Fields
125-187	Social Sciences and Related Fields
188-220	Commerce, Management and Business Administration
221-266	Agricultural, Biological, Nutritional, and Food Sciences
267-301	Engineering and Applied Sciences
302-369	Applied Science Technologies and Trades
370-441	Health Professions and Related Technologies
442-480	Mathematics, Computer and Physical Sciences
481-482	No Specialization

图 8-1　主要专业分类

Classification structure

Code	Grouping
a	STEM
b	BHASE

图 8-2　STEM 和 BHASE 两大领域的分类

STEM 是 science，technology，engineering and mathematics 的缩写，即科学、技术、工程和数学。BHASE 是 business，humanities，health，arts，social science，education，legal studies，trades，services，natural resources and conservation 的缩写，即商业、人文、健康、艺术、社会科学、教育、法律研究、贸易、服务、自然资源和保护。

上述资料，有兴趣者可以登录加拿大政府官方网站查阅，网址：https://www.statcan.gc.ca/en/concepts/classification。

当然，你可以使用更加方便快捷的方法查询加拿大大学学科和专业的分类和设置，其中之一，就是查阅 20 世纪 50 年代面世的《加拿大大学目录》（*Directory of Canadian Universities*）一书。

《加拿大大学目录》根据 CIP 的分类，搜集了全加拿大大学的所有专业，加以整理汇编，每年印刷成书。在专业的类别下，再细分专业的方向、主要学习领域（Programs By Main Area Of Study），以便人们按图索骥。

鉴于该书每年更新出版，我现将手头《2020 年加拿大大学目录》（2020 *Directory of Canadian Universities*）34 种英语授课的专业课程及主要研究领域（English Programs by Main Area of Study）摘录如下：①原住民和外语、文学和语言学；②农业作业及相关科学；③建筑和相关服务；④地区、种族、文化和性别研究；⑤生物与生物科学；⑥商业、管理、市场营销服务；⑦传播、新闻及相关项目；⑧通信、技术/技术人员和支助服务；⑨计算机和信息人力与支持服务；⑩教育；⑪工程；⑫工程技术/技术人员；⑬英语语言和文学/文学；⑭家庭与消费者科学/人文科学；⑮法语和文学/文学；⑯健康专业及相关临床科学；⑰历史；⑱法律专业与研究；⑲文科与科学、通识与人文科学；⑳图书馆学；㉑数学和统计学；㉒多学科/跨学科研究；㉓自然资源与保护；㉔公园、娱乐、休闲和健身研究；㉕个人及烹饪服务；㉖哲学与宗教研究；㉗物理科学；㉘心理学；㉙公共管理和社会服务专业；㉚安保和保护服务；㉛社会研究；㉜神学和宗教假期；㉝运输和物流；㉞视觉和表演艺术。

从全国范围了解加拿大大学和专业，《加拿大大学目录》可以算是一份非常有用的指南。详情见：https://www.univcan.ca/media - room/publications/directory-of-canadian-universities/。

第二，省教育厅公布的大学专业资源（Programs），方便申请者参考。

联邦政府制定的 CIP 对各加拿大大学专业划分具有参照和指导意义。不过，加拿大公立大学归属各省教育厅负责，各省根据本地实际情况，对省内大学专业分类加以适当调整，一方面可供省立公校参照，另一方面便于申请人查阅参考。

我们以留学生选择最多的三个省份为例描述加拿大大学专业分类在省级层面是如何划分的。

首先，以安大略省为例。安大略省大学信息资源中心（Ontario Universities' Info，OUInfo）是安大略省高中生了解本省所有大学专业的重要信息门户，也是不少高中升学辅导教师指导学生申请大学的重要工具。该中心将安大略省所有大学现有的专业分为 17 个类别（Category），每一个类别又下分不同的专业项目（Program），每个专业项目下再细分专业领域（Area）。

17 个类别（Category）包括：①农业、食品、林业、资源管理、兽医科学；②建筑、建筑与规划；③生物科学；④商业与行政研究；⑤计算机科学；⑥创意艺术与设计；⑦教育；⑧工程学；⑨历史、哲学和宗教研究；⑩跨学科研究；⑪语言、语言学、文学、文化与社会；⑫大众传播与文献；⑬数学；⑭医学及相关学科；⑮物理科学；⑯社会科学；⑰技术和材料。

17 个类别当中，超过 100 个细分专业项目的占 2/3，其中又以理、工、文为主。在同一个细分专业项目下，又分专业领域等若干细类。可以理解为：专业项目——专业领域——专业方向依次划分。

其次，我们来看一下 BC 省。BC 省（Education Planer BC, EPBC）专门指导高等教育的部门，通过 BC 教育规划师（Education Planner BC）网页，申请人可以对该省的 35 所专上学院和大学的所有专业有所了解。此外，该工具将全省专上学院和大学的 202 个专业领域分为 16 个类别，便于学生查询。

16 个类别如下：①农业、自然资源和科学；②商业与管理；③通信；④计算机和信息服务；⑤建筑与精密生产；⑥教育和图书馆研究；⑦工程与电子；⑧健康相关专业；⑨法律和社会服务；⑩文科与人文；⑪机械及相关专业；⑫娱乐、旅游、酒店和服务；⑬科学；⑭交通（航空、陆地、海运）；⑮增值专业项目；⑯视觉、表演和美术。每个类别下再细分，一共有 201 个专业领域可供选择。

最后，我们来看阿尔伯塔省。阿尔伯塔省大学申请可以统一在 ApplyAlberta 上进行，参与 ApplyAlberta 大学申请联网的有 25 所专上学院和大学。所以，该省将公立的 25 所专上学院和大学提供的 22 个类别 700 多个本科专业集中在一起，划分为以下专业类别：

①进修和英语作为第二语言学习；②农业及相关技术；③航空及相关技术；④商业与管理研究；⑤文秘和行政管理；⑥传播、新闻及相关研究；⑦计算机与信息技术；⑧教育和图书馆研究；⑨工程与科学技术；⑩工程、建筑及相关研究；⑪环境、林业及相关研究；⑫美术与表演艺术；⑬通识教育；⑭医疗保健、医学研究和技术；⑮人文与语言；⑯数学；⑰个人、家庭及食物研究；⑱体育和娱乐；⑲宗教研究；⑳科学；㉑社会科学、法律和跨学科研究；㉒社会、社区和保护服务。

从上述三个省份对大学专业的分类可以了解到，在联邦政府的 CIP 标准下，各省根据本地经济发展、文化传统和社区需求，在专业划分归类上做了些许调整。其中，安大略省大学信息资源中心的分类较全面和完善，有纲有目分层次划分，让人一目了然。

第三，大学制定学术年历（Academic Calendars），供学生查询专业详情。

每个大学里所开设的专业，基本上都可以在大学的学术年历里面找到。

若再细心查找，你可以找到该校本科学术年历（Undergraduate Calendar），当中有本科所有专业详细介绍。本科学术年历，是大学的官方文件，有关学术课程、学位名称、毕业要求、学分制度等相关法规。对于准大学生，通过看学校学术年历，可发现最详细的专业分类和介绍。例如，达尔豪斯大学（Dalhousie University）是海洋省份著名大学，很受加拿大人欢迎。在该校网页输入"学术专业"（Academic Programs），180个学术专业便按字母排列呈现在眼前，按主题日历列出在Dal提供的所有课程、日历及入学要求、大学法规和学位要求等信息。结果显示，八大专业系列如下：①农业；②建筑与规划；③艺术和社会科学；④计算机科学；⑤工程；⑥健康；⑦管理；⑧科学。

在《大学就选加拿大》一书里，提供了根据59所大学公布的年度教学计划（Academic calendar）综合而成"加拿大十个省份大学主要学科一览表"，可供大家查阅。

2012年，中国教育部制定和发布的《普通高等学校本科专业目录（2012年)》（以下简称《专业目录》）规定了专业划分、名称及所属门类。《专业目录》与国务院学位委员会、教育部2011年印发的《学位授予和人才培养学科目录（2011年)》的学科门类基本一致，分设哲学、经济学、法学、教育学、文学、历史学、理学、工学、农学、医学、管理学、艺术学12个学科门类。由教育部统一制定的学科专业分类对高等院校培养人才具有指导意义，同时，学科门类、一级学科、二级学科等三个层次，与攻读学位和学位授予门类有关。

在逻辑上，中加大学的学科都是按从大到小、从全面到细分的分级制订，所以，在学科分类上有约定俗成的共通点，比如，文科、理科、商科、工科、教育、医科等大致的分类。

但也有不少家长会遇上这样的困扰：我在中国上过大学，对于中国大学的专业不陌生，但当我指导自己的孩子选加拿大大学专业的时候，发现中加大学的专业设置和分类形式相似、内容不同。

原因之一，国情不同。中加两国大学因各自历史、文化语言和制度的不同，大学的专业设计以及分类自然存在差异。在人文、社科和艺术学科，两国大学专业设置和内容差别较为明显，学科分类有差异，专业细分类别不同。一般而言，在人文、社科和艺术领域，中国的大学学科和专业分类较为清晰、直接，容易理解；加拿大的学科和专业较为宽泛，中加两国专业范围划分不一，内涵外延有别，这些都需要花时间才能了解。在国内，家长在指导孩子填报大学志愿时更有针对性。在加拿大，看上去宽泛的专业分类，对于熟悉国内大学专业分类的家长们，一时之间不容易把握，加上一些专业名称相似，中英文对同一专业的解释不同，同时由传统专业衍生出不少新兴专业和交叉学科，等等，让不少家长倍感困惑。

第九章　中加两国行业和职业分类的差异

一、加拿大和中国的行业分类

加拿大政府采用了北美产业分类体系（NAICS）来对国内产业进行分类。根据该分类体系，加拿大的产业分为广义制造业和服务业两大类，共涵盖20个产业。具体包括：

- 农业、林业、渔业和狩猎
- 采矿、采石和石油和天然气开采业
- 公用事业
- 建筑业
- 制造业
- 批发贸易业
- 零售业
- 运输和仓储业
- 信息文化产业
- 金融和保险业
- 房地产和租赁业
- 专业、科学和技术服务业
- 公司和企业的管理
- 行政和支持、废物管理和补救服务业
- 教育服务业
- 卫生保健和社会援助
- 艺术、娱乐和休闲
- 住宿和餐饮服务业
- 其他服务（公共管理除外）
- 公共行政

NAICS 每隔 5 年进行一次更改/更新，最新的 NAICS 于 2022 年更新，见图 9-1。

Code	Sector
11	Agriculture, forestry, fishing and hunting
21	Mining, quarrying, and oil and gas extraction
22	Utilities
23	Construction
31-33	Manufacturing
41	Wholesale trade
44-45	Retail trade
48-49	Transportation and warehousing
51	Information and cultural industries
52	Finance and insurance
53	Real estate and rental and leasing
54	Professional, scientific and technical services
55	Management of companies and enterprises
56	Administrative and support, waste management and remediation services
61	Educational services
62	Health care and social assistance
71	Arts, entertainment and recreation
72	Accommodation and food services
81	Other services (except public administration)
91	Public administration

图 9-1　2022 年北美产业分类体系（NAICS）表格

加拿大行业规模：从 NAICS 加拿大 2017 版中，可以看到加拿大的大多数行业集中在制造业、贸易服务等领域。例如：能源资源行业、制造业、农业、金融保险业和专业服务业是加拿大国民经济的支柱产业。高科技产业发达，在核能、水电、通信、航天、环保、交通等方面拥有先进的技术和设备（见图 9-2）。

中加两国都是地域辽阔、资源丰富的大国。但各自经济发展特色不同。中国的国民经济产业分为 20 个门类：

- 农、林、牧、渔业
- 矿产业
- 制造业
- 电力、热力、燃气及水的生产和供应业
- 建筑业（环艺设计、城市设计）
- 批发和零售业
- 交通运输、仓储和邮政业
- 住宿和餐饮业
- 信息传输、软件和信息技术服务业
- 金融业
- 房地产业
- 租赁和商务服务业
- 科学研究和技术服务业
- 水利、环境和公共设施管理业
- 居民服务、修理和其他服务业
- 教育
- 卫生和社会工作

- 文化、体育和休闲娱乐业
- 公共管理、社会保障和社会
  组织
- 国际组织

（详细介绍参考国家统计局："国民经济行业分类包括哪些类别"，见链接：https://www.stats.gov.cn/sj/tjbz/gmjjhyfl/。）

NAICS Canada 2017 Version 3.0 structure

NAICS Canada 2017 Version 3.0 consists of 20 sectors, 102 subsectors, 324 industry groups, 710 industries and 928 Canadian industries, and replaces NAICS Canada 2017 Version 2.0. The following summary table shows the counts of subsectors, industry groups, industries, and Canadian industries for each of the NAICS sectors.

Code	Sectors	Sub-sectors	Industry groups	Industries	Canadian industries	Total
11	Agriculture, forestry, fishing and hunting	5	19	41	52	117
21	Mining, quarrying, and oil and gas extraction	3	5	11	30	49
22	Utilities	1	3	6	10	20
23	Construction	3	10	28	29	70
31-33	Manufacturing	21	87	182	252	542
41	Wholesale trade	9	27	73	73	182
44-45	Retail trade	12	27	58	75	172
48-49	Transportation and warehousing	11	29	42	58	140
51	Information and cultural industries	6	11	25	28	70
52	Finance and insurance	5	11	28	52	96
53	Real estate and rental and leasing	3	8	17	20	48
54	Professional, scientific and technical services	1	9	35	41	86
55	Management of companies and enterprises	1	1	1	2	5
56	Administrative and support, waste management and remediation services	2	11	29	34	76
61	Educational services	1	7	12	12	32
62	Health care and social assistance	4	18	30	37	89
71	Arts, entertainment and recreation	3	9	23	38	73
72	Accommodation and food services	2	6	10	18	36
81	Other services (except public administration)	4	14	30	38	86
91	Public administration	5	12	29	29	75
Total		102	324	710	928	2064

图 9-2　NAICS 加拿大 2017 版

二、加拿大和中国的职业分类系统及其特点

1. 加拿大国家职业分类系统（NOC）[1]

加拿大国家职业分类系统是加拿大政府用于描述和分类所有职业的标准，

---

[1]　加拿大国家职业分类官网：https://noc.esdc.gc.ca/。

以下是其具体特点：

第一，结构和层级。

大类（Broad Occupational Categories）：10 个大类，例如管理职业、自然与应用科学及相关职业、健康职业等。

中类（Major Groups）：大类进一步细分为 40 个中类。

小类（Minor Groups）：中类进一步细分为 140 个小类。

微类（Unit Groups）：小类再细分为 500 个微类，每个微类对应具体的职业。

第二，四位代码。

每个职业都有一个四位数字代码，例如，金融审计师和会计师的代码是1111。这四位代码系统地反映了职业的层级和类别，便于职业的精确定位。

第三，技能等级（Skill Levels）和技能类型（Skill Types）。

NOC 系统将职业根据所需的教育、培训和经验分为五个技能等级。

0 级：管理职位。

A 级：通常需要大学学位的职业。

B 级：通常需要大专学历或学徒培训的职业。

C 级：通常需要中学教育和/或专门的职业培训的职业。

D 级：通常在职培训的职业。

职业还根据工作性质分为不同的技能类型，例如，健康职业、教育职业等。

第四，定期更新。

NOC 系统定期更新，以反映劳动力市场的变化。最近一次大规模更新是在 2021 年，更新后的版本是 NOC 2021。

第五，移民用途。

NOC 系统在移民评估中起着重要作用。例如，联邦技术移民项目（Federal Skilled Worker Program）要求申请人的职业必须在 NOC 列表中，并且符合特定的技能等级。

2. 中国职业分类系统[①]

《中华人民共和国职业分类大典》是中国政府用于描述和分类所有职业的

---

① 中国职业分类系统官网：https://chinajob.mohrss.gov.cn/。

标准，以下是其具体特点：

第一，结构和层级。

大类：8 个大类，例如农林牧渔业、工业、服务业等。

中类：大类进一步细分为大约 70 个中类。

小类：中类进一步细分为大约 400 个小类。

第二，职业名称和职责。

每个职业都有一个明确的名称和职责描述，这些描述帮助定义职业的具体工作内容和职责。

职责描述有助于雇主和求职者了解职业要求。

第三，职业资格证书。

职业分类与职业资格证书系统密切相关。许多职业要求持有特定的职业资格证书。

职称评定系统（如工程师、经济师等）也是职业分类的重要组成部分。

第四，更新频率。

上一次大规模更新是在 2015 年。但在 2022 年发布《中华人民共和国职业分类大典（2022 年版）》公示。

第五，国内用途。

职业分类主要服务于国内的就业市场、职业指导和教育培训。虽然也在某些国际合作和人才引进项目中参考，但整体使用程度不如加拿大的 NOC 系统在移民政策中的应用。

三、加拿大的职业分类与中国的不同

1. 分类标准和细节

细化程度：加拿大的 NOC 系统非常详细，分类非常细致，涵盖了数百种职业，详细描述了每个职业的具体职责、技能和教育背景。

统一性：NOC 系统在全国范围内统一使用，而中国的职业分类可能因地区和行业不同而有所差异。

2. 应用范围

政策影响：NOC 系统在移民、工作签证和劳动力市场政策中起着关键作用，而中国的职业分类主要用于统计和劳动力市场分析，对移民政策的影响较小。

职业认证：加拿大的 NOC 系统直接关联职业认证和执照要求，而中国的职业分类更多用于指导职业教育和培训。

具体示例：

（1）环境工程师（Environmental Engineer，NOC 2131）

加拿大：

职责：设计和实施环境工程解决方案，管理环境影响评估，监督环保项目。

认证：需要专业工程师认证（P. Eng.）。

移民：属于高需求职业，在技术移民和省提名计划中有较高分值。

中国：

职责：环境工程师的工作职责与加拿大类似，但职业认证要求和具体政策可能因地区而异，职业分类主要用于指导职业教育和培训。

（2）注册护士（Registered Nurse，NOC 3012）

加拿大：

职责：提供医疗护理，评估病人健康状况，制订护理计划。

认证：需要通过全国护士执照考试（NCLEX-RN），并在省级护士协会注册。

移民：高需求职业，在技术移民和省提名计划中优先考虑。

中国：

职责：同加拿大类似，但护士的职业认证和政策要求因省份而异，职业分类主要用于医疗系统内部管理和职业指导。

3. 分类和应用

我们以往一般会将加拿大职业划分为三个大概念。

（1）传统职业：如医生、律师和工程师，这些职业通常需要专业的教育和资格认证。

（2）新兴职业：如数据科学家、AI 专家和绿色能源工程师，这些职业随着科技和可持续发展的推动而迅速增长。

（3）蓝领职业：包括技术工人和手工艺者，这些职业在加拿大同样具有很高的需求和稳定的就业前景。

现在，了解职业分类系统，我们可以更加精准地做好职业规划。想象一下，NOC 系统就像一张详细的职业地图，它帮助我们找到各种职业的具体位置和路线，而非一个笼统的概念。

职业地图：NOC 系统告诉我们有哪些职业、每个职业需要做什么、如何到达那个职业。

职业路线：根据这张地图，我们可以选择正确的教育和培训路径，确保我们走的每一步都是朝着目标职业前进的。

你有没有冲动，自己动手查找你心仪的职业在加拿大职业上的代码是什么？（Find your National Occupation Classification，NOC），具体链接见：https://www.canada.ca/en/immigration-refugees-citizenship/services/immigrate-canada/express-entry/eligibility/find-national-occupation-code.html。

第十章 专业与职业认证，中加两国不一样

一、专业认证，教育质量更有保证

细心的家长可能会留意到，不少大学在推介其特色专业项目时，会强调其课程或学位的质量得到某个专业认证机构的认证。专业质量认证，是加拿大大学专业特色之一。

1994 年成立的加拿大认证机构协会（Association of Accrediting Agencies of Canada , AAAC）是一个全国性组织，由 24 个全国性专业协会组成，旨在促进其成员在教育计划认证方面的做法。这 20 多 个全国性的专业认证机构，如"加拿大专业工程师理事会""加拿大医学会""加拿大法律协会联合会"等，不仅对大学设立的专业学位教育进行评估和认证，甚至直接参与高校课程标准的制定，其认证结果具有高度的权威性，并得到社会的普遍认可。例如，约克大学工程学院的机械工程系是加拿大最年轻的工程系，其下的机械工程专业于 2014 年才开始招生，由于该系专业在 2018 年通过了加拿大工程协会（Canadian Engineering Accreditation Board）的认可，虽然成立时间不长，但质量有保障。多伦多大都会大学泰德·罗杰斯管理学院（Ted Rogers School of Management）提供 12 个商科学士（BCom）学位、2 个卫生管理学士（BHA）学位，还有工商管理硕士（MBA）学位、会计和管理硕士及管理博士学位。管理学院所开设的课程包括：经专业注册会计师认证的会计专业学位（Accounting Degree）课程，以及经专业 CFA（特许金融分析师）认可的金融专业学位（Finance Degree）课程。工程与建筑科学学院开设的九个本科学位课程均获得了加拿大工程认证委员会（Canadian Engineering Accreditation Board,

CEAB）认证，建筑设计专业也获得了加拿大建筑认证委员会（Canadian Architectural Certification Board，CACB）的全面认证。

2023 年，我邀请吴红梅教授为我的《大学就选加拿大——我所了解的加拿大大学和专业》写推荐序。吴教授非常认真地通读全书，并写下了自己的感受："本书第七章讲到加拿大大学办学特色中的教育质量认证，这也是近年来国内各大高校都在大力争取的。作为国内一名高等工程教育的教师，这两年我亲身参与了自己专业的工程教育认证工作，深刻感受到国内外工程教育的巨大差距。读了朱博士的这本书，我突然对研究这种差距产生了浓厚的兴趣。"听到她的感受，我忍不住想给吴教授点个大大的赞！她的认真态度让我觉得这本书不仅是一本书，还是一把打开学术大门的金钥匙。

吴教授对加拿大大学教育质量认证内容的兴趣，激发了我进一步探讨更多领域的专业认证。

为了满足越来越多家长对健康科学专业的浓厚兴趣，我深入研究了相关课程及其认证机构。

例如，滑铁卢大学运动学学士（Bachelor of Kinesiology）：该课程涵盖人体解剖学和康复科学等方向，认证机构为加拿大运动学会（COKO）。

多伦多大学运动学和体质活动学士（Bachelor of Kinesiology and Physical Education）：同样由 COKO 认证。

阿尔伯塔大学护理学学士（Bachelor of Science in Nursing）：认证机构为加拿大护理学校协会（CASN），课程特点是综合性的四年制护理学位，提供先进的临床训练和多种临床实习机会。

西安大略大学健康科学学士（Bachelor of Health Sciences）、康复科学荣誉学士（Honours Specialization in Rehabilitation Sciences）：认证机构为加拿大健康信息管理协会（CHIMA），课程注重生物、化学和社会文化因素的研究。

劳瑞尔大学、麦克马斯特大学护理学学士（Bachelor of Science in Nursing）：均由 CHIMA 认证。

又如，新能源相关课程及其认证机构。在加拿大，许多大学提供与新能源相关的课程并获得认证。

• 多大：环境工程、可持续能源，认证机构为加拿大工程认证委员会（CEAB）。

- UBC：可再生能源工程、环境科学，认证机构为 CEAB。
- 麦吉尔：能源系统工程、可持续发展，认证机构为 CEAB。
- 滑铁卢：可持续能源工程、环境与资源研究，认证机构为 CEAB。
- 卡尔加里：环境工程、能源管理，认证机构为 CEAB。
- 阿尔伯塔：可持续资源开发、环境科学，认证机构为 CEAB。
- 女王：环境工程、可持续能源政策，认证机构为 CEAB。
- 戴尔豪斯：环境工程、可持续设计，认证机构为 CEAB。
- 蒙特利尔：环境与可持续发展、能源系统，认证机构为 CEAB。
- 西蒙弗雷泽：环境资源管理、可再生能源，认证机构为 CEAB。

安大略理工大学（Ontario Tech University）可能留学生不太熟悉，但该校是加拿大唯一提供本科核工程课程的大学。其课程涵盖核燃料循环、核反应堆设计、辐射防护等方面，专业可授予核工程学士和核工程硕士学位，得到CEAB 的认证。就业情况良好，学位课程得到认证，可见安大略理工大学的核工程专业在加拿大具有一定优势。

认证专业课程的重要性。我们要明白，认证课程为学生提供了一个可靠的教育路径，确保他们在激烈的就业市场中具有竞争力。这不仅对学生有益，也提升了教育机构的声誉。

认证机构的重要性。认证机构确保教育机构的课程符合行业标准，提供高质量的教育。例如，在加拿大，工程课程通常由 CEAB 认证，计算机和信息科学课程则可能由加拿大信息处理学会（CIPS）认证。这些认证确保课程的质量，保证毕业生具备必要的专业知识和技能。

认证课程的覆盖范围。认证不仅限于本科课程，研究生课程和博士课程也可以获得认证。例如，多伦多大学的计算机科学与人工智能硕士课程和博士课程均获得了 CEAB 的认证，这表明该课程在理论和实践方面都达到了高标准。

跨学科的课程认证。人工智能（AI）是一个跨学科的领域，涉及工程、计算机科学、数据科学等多个学科。加拿大的许多大学都提供跨学科的 AI 课程，并通过相关机构的认证。例如，滑铁卢大学提供的计算机科学与人工智能硕士课程不仅得到了 CIPS 的认证，还强调跨学科的学习和研究。

认证对学生的意义。通过认证的课程不仅提高了学校的声誉，也为学生提供了就业优势。雇主通常更倾向于雇用那些从认证课程毕业的学生，因为这些学生已经被认证机构确认具备了必要的专业知识和技能。

过去一年，我从本科专业已经扩展到了研究生专业的探索。例如，有同学对研究生语言翻译专业感兴趣，我们一起进行了研究。在加拿大，许多大学提供翻译专业，并且这些课程受到认可，可以为学生提供高质量的教育和职业机会。

渥太华大学翻译与口译硕士学位课程：通过加拿大翻译协会（CAST）的认证，该课程涵盖专业翻译、技术翻译、文献研究等多个方面。

约克大学翻译研究硕士学位：同样得到了 CAST 认证，课程包括翻译理论、翻译实践、文献翻译等，特别强调英法双语和英西双语的翻译训练。

麦吉尔大学翻译研究（Continuing Studies）：得到魁北克省认证翻译、术语学和口译协会（OTTIAQ）对学位课程的认证，课程重点在于法律翻译和技术翻译，毕业生可以在政府、私人企业和翻译公司工作。

近年，AI 领域有关学科专业成为热门，因此，我们也对多伦多大学计算机科学与人工智能硕士（认证机构：CEAB）的优势进行了分析，发现该课程涵盖了先进的 AI 理论和应用，确保学生在毕业后具备在 AI 领域从事高端研究和开发的能力。滑铁卢大学计算机科学与人工智能硕士（认证机构：CIPS）则强调跨学科的学习，结合了工程和计算机科学，为学生提供了广泛的职业选择。

二、从专业认证到职业认证，给留学生职业规划带来启发

1. 专业认证信息

在加拿大，许多大学的专业课程需要通过认证，特别是那些职业性强的专业。以下是一些主要的认证信息和相关机构。

（1）工程专业：由 CEAB 认证，这意味着通过认证的工程专业毕业生具备成为注册工程师的学术资格。CEAB 对多个工程学科的课程进行认证，包括土木、电气、机械和化学工程等。

（2）建筑专业：由 CACB 负责认证。CACB 认证的建筑学位课程包括本科学位和硕士学位，这些课程需满足特定的专业标准和教育质量。

（3）商科专业：许多商学院的课程通过 AACSB（国际商学院促进协会）、ACBSP（商学院和课程认证委员会）等机构认证。这样的认证确保课程符合全球商学院的高标准。

（4）护理和健康科学专业：加拿大的护理课程通常由 CASN 认证，而其他健康科学课程可能会通过相关的专业协会认证，例如加拿大物理治疗教育（PEAC）认证等。

（5）计算机科学和信息技术：由 CIPS 认证，这些认证确保课程涵盖当前技术和行业标准。

我们可以在加拿大大学的招生简章或官方网站上找到这些认证的信息，它们通常会明确说明课程已经获得哪些认证。这些认证不仅提高了教育质量的可信度，也为学生在未来的职业生涯中提供了优势。

2. 专业认证与职业认证的关系与启发

了解大学课程的认证以及它们与职业认证的关系，能为学生提供重要的启发和帮助。

大学课程的认证通常由行业内权威机构进行，如 CEAB 和 CIPS。这些认证确保课程质量和教育标准，这对将来申请职业认证非常有帮助。

（1）职业准备：认证课程往往包括符合职业标准的教育内容，帮助学生在毕业后更容易通过职业认证。例如，工程专业的学生如果在 CEAB 认证的课程中毕业，将更容易申请成为注册工程师（P. Eng.）。

（2）资格认可：拥有认证课程的学位，可以在劳动力市场上更具竞争力，因为雇主更信任这些课程的质量和内容。

（3）从教育到职业的准备和启发：认证课程不仅关注学术知识，还注重实践技能和职业准备，这对于从教育到职业的过渡非常重要。

（4）实习和实践：许多认证课程包含实习或实践项目，帮助学生积累实际工作经验。例如，翻译专业的学生在约克大学或麦吉尔大学可能有机会参与实际的翻译项目或实习。

（5）专业技能培养：认证课程通常包含职业所需的专业技能培训，如法律翻译中的术语管理和翻译技术工具的使用，这些都直接提高了学生的就业能力和职业适应能力。

因此，对于留学生来说从大学课程认证到职业认证，有以下几点重要的启发和实际帮助。

第一，提前了解职业要求。选择经过认证的课程，可以更好地了解所选职业的具体要求和标准。例如，有些人误以为留学生不能攻读护理专业，实际上，许多加拿大大学的护理课程都对国际学生开放，并且完成课程后可以申请职业认证。

第二，提高就业竞争力。通过认证课程，留学生在毕业后更具竞争力，因为雇主更倾向于雇用那些从经过认证的课程毕业的学生，这些课程保证了教育质量和专业能力。

第三，减少职业误区。通过了解职业认证的要求，学生可以避免误区和不必要的麻烦。例如，了解护理专业的职业认证要求，可以帮助学生更好地规划学业和职业路径。

第四，跨文化适应。认证课程往往包含国际标准，帮助留学生更好地适应不同文化背景下的职业要求。

第五，职业网络。通过认证课程，留学生可以接触到行业内的专家和职业网络，增加就业机会和职业发展的可能性。

三、我与加拿大人力资源专家 Sharon 的对话

我：我们知道，很多家长和留学生对职业规划很关心，您能告诉我们，选择经过认证的课程对职业发展的具体好处吗？

专家：选择经过认证的课程对学生的职业发展有着深远的影响。首先，认证课程能够提高学生的职业竞争力。根据人力资本理论，通过教育和培训积累的知识和技能能够显著提升个人的生产力和经济价值。认证课程提供了高质量的教育，提高了学生的专业知识储备和实践能力，从而在职业市场上更具竞争力。实际例子：工程专业，多伦多大学的机械工程专业经过 CEAB 认证，毕业生能够通过注册工程师（P. Eng.）的职业认证，显著提升就业机会和职业发展潜力；护理专业，布鲁克大学的护理学士学位（BScN）经过 CASN 认证，确保毕业生具备进入医疗行业的所有必要资格，并能够顺利通过注册护士（RN）的职业认证。

我：对于学生来说，除了竞争力的提升，选择认证课程还有其他好处吗？

专家：另外一个重要的方面是增强职业适应性。职业发展理论强调，职业选择是一个持续的过程，需要考虑个人的兴趣、能力和价值观。通过选择认证课程，学生可以获得广泛的知识和技能培训，增强他们在职业发展中的适应性和灵活性。实际例子：翻译专业，麦吉尔大学的翻译研究课程获得了OTTIAQ认证，学生能够掌握专业翻译技能，并适应不同文化和语言环境下的工作需求，增强职业适应性；人工智能专业，滑铁卢大学的AI与机器学习硕士课程经过CIPS认证，学生具备应对快速变化的技术环境的能力，可以在多个行业中找到适合自己的职业发展路径。

我：对于留学生来说，如何才能更好地规划职业路径呢？

专家：这是一个很好的问题。生涯规划理论和目标设定理论都强调，明确的职业目标和规划能够提高个人的动机和绩效。通过了解职业认证的要求，学生可以更好地规划自己的学业和职业路径，避免误区和不必要的挫折。实际例子：工程专业，通过了解注册工程师（P. Eng.）的认证要求，学生可以在大学期间选择相关课程和实习，提前为职业认证做准备；护理专业，了解注册护士（RN）的认证过程，学生可以选择CASN认证的护理课程，并在毕业后顺利通过职业认证，进入医疗行业工作。

我：您能推荐一些资源和资料让我们进一步学习和了解吗？

专家：当然可以。选择正确的教育路径和职业规划对于学生的未来至关重要，我很高兴能够分享这些知识。如果大家想进一步了解职业规划与大学教育的关系，我推荐以下重要的资源和资料。

（1）人力资本理论：加里·贝克尔（Gary Becker）提出的人力资本理论，书籍《人力资本》详细解释了教育和培训对个人生产力和经济价值的提升（译者：陈耿宣等，机械工业出版社，2016）。

（2）信号理论：迈克尔·斯彭斯（Michael Spence）的信号理论，建议阅读《市场信号传递：雇佣过程中的信息传递及相关筛选过程》（中国人民大学出版社，2019）。

（3）职业发展理论：唐纳德·E. 舒伯（Donald E. Super）的职业发展理论，他的书籍《生涯发展与职业选择》是很好的资源。

（4）职业锚理论：埃德加 H. 沙因（Edgar H. Schein）的职业锚理论，可以参考他的著作《职业锚：发现你的真正价值》（译者：陈德金/冯展，电子工业出版社，2016）。

（5）生涯规划理论：约翰·H. 赫兰德（John H. Holland）的生涯规划理论，书籍《职业选择：人类行为与职业发展》（*Making vocational choices：A theory of careers*，Englewood Cliffs，NJ：Prentice-Hall. 1973）。

（6）目标设定理论：洛克（Edwin Locke）和拉瑟姆（Gary Latham）的目标设定理论，建议阅读《目标设定与任务绩效》（*Motivation by Goal Setting*，Handbook of Organizational Behavior，2001）一书。

第十一章　如何理解专业与职业的关系

一、专业与职业主要关系

简单来说，专业分类决定了你学什么，而职业分类告诉你这些专业可以带来哪些职业机会。比如，学环境工程专业，可以成为环境工程师（设计环保项目）或环境顾问（提供环保建议）。专业是基础，职业是目标。专业是你学习的内容，而职业是你用这些知识能做的工作。

（1）对应关系：毕业后能做什么，毕业后能做什么工作是怎么决定的？专业决定了你可以从事哪些职业。例如，学计算机科学的，可以成为软件开发人员或网络工程师。职业分类系统帮你明确这些职业的具体职责和技能要求。就像学会做菜后，你可以去当厨师或者开餐馆，专业是"入场券"。

（2）认证关系：工作需要哪些资格，这些职业有特殊要求吗？有些职业需要特定的认证或执照，比如在中国，医生需要通过国家执业医师资格考试才能行医。加拿大也一样，比如注册护士需要通过全国护士执照考试，环境工程师需要获得专业工程师认证。在加拿大，大约有20%的职业是受监管的职业，也就是说从事这些职业需要取得特定的认证或执照。这些受监管的职业涉及多个领域，如医疗、法律、工程、教育和某些技术工种等，这就像你需要驾照才能开车上路。

（3）移民关系：职业和移民政策，那这个和移民有什么关系呢？有些职业在加拿大的移民政策中有优待，比如环境工程师和注册护士。这些高需求职业可以提高技术移民评分，提高移民成功的概率。就像在中国，高级工程师可以通过人才引进计划更容易获得城市户口。

二、加拿大行业和职业分类与大学学科专业分类的因果关系

学科专业与经济行业，并非"隔行如隔山"的关系，当中有着密切的因果关系。加拿大大学学科专业分类和加拿大产业行业分类有以下相同之处。

（1）分类体系：加拿大大学学科专业分类和产业行业分类都有自己的分类体系。大学学科专业分类通常按照教育部公布的标准进行，分为不同的学科领域，例如哲学、经济学、法学、教育学等。产业行业分类则根据北美产业分类体系将产业分为不同的类别，包括制造业和服务业等。

（2）角度划分：两者都从不同的角度进行分类划分。大学的学科专业分类从学科设置的角度出发，划分为人文社科类、自然科学类、工程类、医学类以及艺术与设计类等。产业行业分类则根据不同的产业特征和行业属性进行分类划分。

（3）专业领域和行业领域：大学学科专业分类和产业行业分类都关注特定的领域。学科专业分类涵盖了不同的学术领域和专业领域，使学生能够选择符合自己兴趣和职业目标的专业。产业行业分类则将各个行业细分为特定的领域，便于研究和分析产业的发展状况。

虽然加拿大大学学科专业分类和产业行业分类有一些相似之处，但它们在目的和应用上有所不同。大学学科专业分类主要用于组织学术教育和研究，帮助学生选择适合的学科方向；而产业行业分类主要用于研究和发展产业，提供有关产业结构和特征的信息。

三、正确理解专业与职业的关系

首先，我们要理解专业与职业的区别。专业是学生在大学或学院中所选择的学习领域，职业则是学生在毕业后所从事的工作。虽然某些专业与特定职业直接相关，例如工程学与工程师、医学与医生，但许多专业与职业之间的关系并不是一对一的。比如，学习文学、历史或心理学的学生，他们未来的职业选择可以是教师、研究员、心理咨询师，甚至进入商业和管理领域。

其次，教育是为社会服务的。像我家两个女儿读的 St. Margaret School，就

是几家人想接受英式教育，但没办法，只好自己创办了私立学校。又如，在温哥华岛上的一个大学，成立于一个车房，因为社会需要技术人员。再如，多伦多大学最初是教会学校，为教会的教区培养牧师，整个教区培养会计、医生、工程师等专业人才。因此，社会需要什么样的人才，加拿大大学就培养什么样的人才，学与用是非常一致的。但是随着社会的发展，学术教学与职业的关系开始拉开距离。跨学科和综合性学科的出现，使得大学不是被动地服务社会，而是有了超前的服务功能。大学除了教育功能，还承担科研功能，所以专业与职业的关系也在不断演变。

再次，直接相关与间接关联。简单而言，大学专业与社会职业有一些是直接相关的，比如医生、医学、工程、法律等。我甚至开玩笑说过，凡是带有"师"字的基本上是职业性很强的，需要经过大学的教育。也有家长问："大学学的专业将来能做什么？"这个问题其实只看到了专业与职业的应用关系。大学不是职业培训学校，它的功能比职业培训学校多得多。大学的专业和社会职业之间既有直接的对应关系，也有间接的关联。有人问我："我家孩子在加拿大读这个专业，将来好不好就业呢？"其实这个问题并不简单。对于热门专业容易回答，但很多时候家长问的都是冷门专业，因为他们没把握才来找我。

最后，专业与职业的互补关系。举几个例子，商科和商业社会的关系，心理学和心理师的关系，环境保护的研究与社会环境职业的关系。尤其是计算机科学，最初是大学里的研究专业，后来因为社会需求不断变化，职业也随之不断变更。因此，教育与职业的关系是不断演变的，不再是单一的"我服务于你"或"你被动地服务于我"的关系。

四、关于专业出路的思考

学术上的专业选择往往决定了学生将来从事的职业领域。选择一个专业意味着学生将获得该领域系统的知识和技能，这些知识和技能直接影响着他们未来的就业方向。但也要看到，专业不仅仅是学术上的选择，更是职业上的准备。一个专业的学习过程，不仅培养学生在该领域的知识和技能，还培养他们解决问题、批判性思维和创新的能力。这些都是在未来职业生涯中非常重要的素质。

第十二章　如何用国情、经济行情和国策搞定专业与职业规划

提到加拿大，你可能想到的是漫天飘雪、枫叶红遍，但你知道吗，这个美丽的国度可是七大工业国之一！这里有着独特的职业设置和行业标准，对教育中的学科划分和专业设置产生了深远影响。作为留学生家长，我们必须重新审视加拿大的国情和经济行情，同时还要紧跟最新的政策变化。毕竟，加拿大可是个移民大熔炉，留学和移民在这里可是"一锅炖"的。

一、加拿大的国情

家长问：朱老师，加拿大是个什么样的国家？有的人觉得加拿大好山好水好无聊，也有人觉得是世外桃源。作为在加拿大生活多年的移民，您怎么看呢？

朱老师：哈哈，确实，加拿大的魅力见仁见智。有些人觉得这里是"好山好水好无聊"，但我更喜欢称它为"好山好水好舒服"。这里的生活节奏慢到你可能会怀疑时间是不是变长了！

家长问：那为什么有那么多人还是愿意去加拿大呢？

朱老师：你看，今天就是 7 月 1 日加拿大国庆节，满大街都插着国旗。加拿大的国旗，中央那片红色的枫叶，象征着团结、和平和自然之美。它不仅是一片叶子，还传达了加拿大人质朴和真诚的精神。

家长问：听起来挺不错的，但加拿大的历史是不是有点短？

朱老师：没错，加拿大的历史确实没有中国悠久，只有一百多年。加拿大是在 1867 年成立的，是一个联邦制国家。这和中国的体制有所不同，联邦制意味着各省有很大的自主权，可以根据自身情况制定不同的政策。加拿

虽然历史相对短暂，但加拿大的独特之处在于它的多元文化。

家长问：听说加拿大是个多元文化的国家，这方面您怎么看？

朱老师：哦，这绝对是加拿大的一大亮点。中国是一个多民族的国家，加拿大则是一个多元文化的国家。想象一下，在多伦多，你可以在一个周末享受加勒比节的热情，再去参加龙舟节的竞技精神。而且，每年的农历新年期间，加拿大的三级政府都会来华人社区拜年，让你真正感受到这里的多元文化氛围。在加拿大尤其是多伦多，全年都能体验到各种文化节。这种多元文化的环境不仅丰富了我们的生活体验，还让学生们有机会接触和了解世界各地的文化。

家长问：那生活节奏慢，适应起来会不会有点困难？

朱老师：刚开始可能会有点不适应，特别是从中国这种生活节奏快的国家来的朋友。你会发现晚上和周末很多商店和服务都关门了，大家更喜欢去户外活动，享受自然。虽然节奏慢了一点，但你会有更多时间享受生活和家庭的美好。

家长问：加拿大的教育资源怎么样？

朱老师：哦，那你要找我写的关于加拿大教育的书看看。我写了七本书，详细地介绍了加拿大的教育资源。无论是小学、中学，还是大学，加拿大的教育体系都很出色。特别是对国际学生的支持服务非常到位，可以帮助他们更好地适应学习和生活。

二、加拿大的经济行情

家长问：朱老师，加拿大的经济行情怎么样？

朱老师：关于加拿大的经济行情，可以通过与中国和美国的比较来更好地理解。

中国经济：以制造业和出口为主，是全球最大的制造业基地，依靠庞大的劳动力和广泛的国内市场支撑经济增长。

美国经济：更多依靠科技创新和金融服务。美国拥有全球最发达的高科技产业和金融市场，硅谷是全球科技创新的中心，华尔街是全球金融中心。美国的经济增长主要依靠技术进步和高效的资本市场。

加拿大经济：介于两者之间。加拿大拥有丰富的自然资源，是全球主要的能源和矿产出口国。能源产业（如石油和天然气）在加拿大经济中占有重要地位，同时加拿大还拥有庞大的林业和渔业资源，农业和农产品出口也是经济的重要组成部分。

此外，加拿大的高科技产业也在迅速发展，尤其是在信息技术、生物技术和环境技术领域。多伦多和温哥华等大城市是科技公司的聚集地。加拿大的服务业（包括金融、教育、医疗和旅游业）也相当发达，蒙特利尔和多伦多是北美重要的金融中心。

值得注意的是，由于地理位置和历史原因，加拿大的工业体系更多依赖于美国。这意味着加拿大没有完全独立的工业系统，其商业和能源出口主要面向美国市场。因此，了解美国市场和相关经济动态对于理解加拿大经济非常重要。1994 年 1 月，北美自由贸易区生效后，加美贸易关系更趋紧密。

加拿大国民经济的支柱产业包括能源资源行业、制造业、农业、金融保险业和专业服务业。自然资源及相关行业对 GDP 的贡献率保持在 13%～15%。货物贸易出口中 40% 的产品来自自然资源及相关行业。高科技产业发达，在核能、水电、通信、航天、环保、交通、石化、地球物理勘探、生物工程、医学、造纸、客运车辆和小型客机制造等方面拥有先进的技术和设备。2022 年为加拿大 GDP 贡献前十位的行业分别为房地产业（13%），制造业（9.5%），采矿和石油业（7.6%），金融保险业（7.4%），建筑业（7.4%），医疗保健和社会救助业（7.2%），公共管理业（6.9%），专业、科学和技术服务业（6.5%），教育服务业（5.3%）和批发贸易业（5.2%）。

（有兴趣者，可以参阅由中国商务部对外投资和经济合作司、商务部国际贸易经济合作研究院和中国驻加拿大使馆经济商务处合写的《对外投资合作国别（地区）指南：加拿大（2023 年版）》，下载链接：http://www.mofcom.gov.cn/dl/gbdqzn/upload/jianada.pdf。）

三、加拿大的国策

家长问：在中国生活的家长都知道，一个国家的经济发展很大程度上取决于国家的政策。比如在中国，大家习惯了五年规划这种国策。朱老师，加拿大的国策对于留学生有什么影响呢？

朱老师：在加拿大，国策同样非常重要，尤其是移民政策。这是留学生需要特别关注的，因为它直接影响学科的选择和职业规划。很多留学生不仅仅是为了接受教育而留学，更希望通过留学实现移民目的。了解加拿大的移民政策，对职业规划和专业选择有着重大影响。

家长问：朱老师，我看到了你今年刚出版的《加拿大研究生申请指南》，这里面也有邀请到专业的移民顾问来讲解加拿大的移民政策。能不能详细说说？

朱老师：是的，在这本书中我们特别邀请了专业的移民顾问来讲解加拿大的移民政策。我们讨论了很多关于高学历在移民政策中的优势。加拿大一直非常欢迎高学历的移民，特别是硕士研究生及以上学历的留学生，因为加拿大希望吸引到最优秀的人才，所以，许多中国家长会鼓励孩子不仅要读完大学，还要继续读研。

家长问：除了高学历，加拿大还缺什么样的人才呢？

朱老师：除了高学历，加拿大也特别缺乏一些特定行业的专业人才。根据加拿大统计局的数据，近年来，就业市场中最紧缺的职位包括建筑、卫生、医疗健康、住宿、食品、农业、贸易和各类技工等。因此，对于留学生来说，选择这些领域的学科和职业，将有助于他们在加拿大找到合适的工作，获得移民机会。

家长问：移民政策经常变化，我们如何获取最新的信息？

朱老师：虽然移民政策经常变化，但在 2023 年完成的《加拿大研究生申请指南》一书中，我们已经详细讨论了高学历在加拿大移民政策中的重要性。获取最新信息的最佳方法是随时关注加拿大移民局的官方网站和官方公告，或者咨询专业的移民顾问。我并不是移民顾问，对于具体的移民政策变化，建议大家还是去咨询专业人士或者查阅权威信息源。

总的来说，了解加拿大的国策，尤其是移民政策，是留学生和家长不能忽略的因素。这样才能更好地规划孩子的职业道路，避免因为信息不足而错失机会。记住，我只是提供一个了解的角度，具体的政策请务必向专业的移民顾问咨询。

了解加拿大的国情、经济行情和最新国策，对规划留学生的专业和职业路径至关重要。作为七大工业国之一，加拿大有着独特的职业设置和行业标准，这对教育和职业选择有着深远的影响。高学历留学生，如硕士和研究生，尤其受加拿大移民政策的欢迎。

加拿大的经济多元化，从丰富的自然资源到快速发展的高科技产业，样样俱全。政府和各省的移民政策都旨在吸引各类专业人才，特别是在建筑、医疗健康、农业、贸易和技工领域。家长们可要擦亮眼睛，紧盯最新政策动态，偶尔咨询一下专业移民顾问，确保孩子的学业和职业规划万无一失。这样，孩子们就能在这片枫叶之国实现留学和移民的双重梦想。

四、加拿大的优势

对于留学生家长来说，了解加拿大职业和具体职位的一些关键点非常重要。这里有两个关键点需要特别留意：

（1）行业的增长领域。家长应关注加拿大哪些行业正在增长，尤其是在高科技、医疗保健和金融服务方面。例如，人工智能、软件开发和网络安全等领域正在迅速发展，提供了许多就业机会。这些领域对技术和创新的高需求意味着它们有很好的就业前景和职业发展潜力。根据 *IT World Canada* 的报告，高科技行业是未来几年加拿大经济的主要驱动力之一。

（2）职业需求和技能匹配。理解某些职业需求和所需技能也很重要。加拿大很多高薪职业要求特定的技术或专业资格，比如工程师、医生和 IT 专业人员。家长可以鼓励孩子在大学期间获得相关的实习或工作经验，这有助于增强他们的就业竞争力。此外，使用加拿大的职业资源工具（如 Job Bank），可以帮助了解不同职业的详细要求和就业前景。

Julia 老师多年来一直在帮助留学生学业和职业规划。她提醒我，以下几点须留意：

（1）加拿大是七大工业化国家之一，注意工程及应用科学专业择校指南。

（2）加拿大经济发达福利优越，注意管理学和经济学专业择校指南（包括商科类的专业，如供应链管理、公共管理、HR 管理、企业管理、组织行为学研究等）。

（3）加拿大资源丰富，注意农业和环境科学专业择校指南（包括水资源、农林产品及石油等大宗商品）。

（4）加拿大是创新之国，注意跨学科专业择校指南（包括新兴学科）。

（5）加拿大实行全民医保，注意健康和医学专业择校指南（包括营养学、生命科学、健康管理、运动休闲管理等）。

（6）加拿大重视福利，注意社科专业择校指南。

（7）加拿大是个拥有多元文化的国家，注意人文社科艺术类专业择校指南。

（8）加拿大重视教育资源输出，注意教育学和心理学专业择校指南。

（9）加拿大是个以法制立国的国家，注意法学专业择校指南。

在她的启发下，我发现，加拿大确实有一些与其国情和资源相关的独特职业和专业，这些领域往往具有明显的优势和特色。以下是一些加拿大特有的或在加拿大特别有优势的行业和职业。

（1）自然资源与环境科学。加拿大拥有丰富的自然资源，包括石油、天然气、矿产和森林资源。因此，与资源开采、环境保护和可持续发展相关的职业和专业在加拿大非常重要。例如，石油工程、矿业工程、环境科学和自然资源管理等专业。

（2）清洁能源与可再生能源。加拿大在清洁能源和可再生能源领域具有很大的发展潜力。水电、风能、太阳能和生物能等相关专业和职业在加拿大有很大的需求。

（3）海洋科学与渔业科学。由于加拿大拥有漫长的海岸线和丰富的海洋资源，海洋科学和渔业科学相关的职业也非常具有特色。这些职业包括海洋生物学、渔业管理和海洋资源保护等。

（4）农业与食品科学。加拿大的农业和食品工业发达，尤其在粮食作物和肉类生产方面。相关的职业包括农业科学家、食品科学家和农业工程师等。

（5）信息技术与人工智能。加拿大在信息技术和人工智能领域具有领先优势，特别是多伦多、温哥华和蒙特利尔等城市为全球技术创新的中心。相关的职业和专业包括计算机科学、软件工程、数据科学和人工智能研究等。

（6）生物技术与制药。加拿大在生物技术和制药领域也有很强的研究和产业基础。生物医学工程、生物技术、制药科学和生物化学等专业在加拿大有很好的发展前景。

（7）健康与医疗。加拿大的公共卫生系统发达，对健康和医疗专业人员的需求很高。相关的职业包括医生、护士、药剂师、公共卫生专家和医疗技术人员等。

（8）旅游与酒店管理。由于加拿大丰富的自然景观和多元文化背景，旅游和酒店管理行业在加拿大也非常重要。相关的专业和职业包括旅游管理、酒店管理和休闲管理等。

（9）文化与创意产业。加拿大的多元文化和创意氛围使得文化产业和创意产业蓬勃发展。相关的职业和专业包括电影制作、游戏设计、艺术管理和创意写作等。

（10）经济管理。加拿大作为七大工业国之一，其商业活动、银行体系、金融体系和税收制度确实具有独特的优势和特色。以下是一些相关的职业和专业，家长和学生可以重点关注。

金融与银行业：加拿大的银行和金融体系以其稳健性和稳定性著称。相关的职业和专业包括金融学、银行管理、投资银行、金融分析、财务管理和风险管理等。多伦多作为加拿大的金融中心，提供了丰富的就业机会并拥有广阔的职业发展前景。

会计与税务：加拿大的会计和税务制度有其独特性，熟悉这些制度对于企业和个人都是非常重要的。相关的职业和专业包括会计学、税务管理、审计学和财务规划等。加拿大注册会计师（CPA）认证在全球范围内得到高度认可。

商业与管理：加拿大的商业管理教育体系完善，许多大学提供顶级的商学院课程。相关的职业和专业包括工商管理、市场营销、国际商务、运营管理和企业管理等。

国际贸易与物流：由于加拿大的地理位置和贸易政策，国际贸易和物流是重要的行业。相关的职业和专业包括国际贸易、供应链管理、物流管理和国际商业法等。

经济学与政策分析：加拿大的经济政策和宏观经济管理也是重要的研究领域。相关的职业和专业包括经济学、公共政策、政策分析和发展经济学等。

房地产与城市规划：加拿大的房地产市场和城市规划具有其独特性，特别是在大城市如多伦多和温哥华。相关的职业和专业包括房地产管理、城市规划、土地经济学和房地产评估等。

保险与精算：加拿大的保险业和精算专业在北美和全球都具有很强的竞争力。相关的职业和专业包括精算科学、保险管理、风险管理和精算咨询等。

创业与创新管理：加拿大鼓励创新和创业，有很多支持初创企业的政策和资源。相关的职业和专业包括创业管理、创新管理、企业家精神和科技创业等。

（11）人文社科。加拿大的教育体系和多元文化背景确实为其人文社科领域带来了独特的优势和特色。以下是一些相关的职业和专业，可以为学生和家长提供参考。

教育学：加拿大的教育体系发达，教师和教育管理者的培训也非常完善。相关的职业和专业包括教育学、幼儿教育、特殊教育、教育领导与管理等。

多元文化研究：加拿大的多元文化政策和社会背景为多元文化研究提供了丰富的资源。相关的职业和专业包括文化研究、移民研究、种族与民族研究等。

社会工作：加拿大的社会福利系统和社区服务非常发达，社会工作者在帮助弱势群体和促进社会公平方面发挥着重要作用。相关的职业和专业包括社会工作、社区发展、人类服务和心理咨询等。

心理学：加拿大在心理学研究和应用方面也有很强的实力，特别是在临床心理学、教育心理学和社会心理学等领域。相关的职业和专业包括心理学、临床心理学、教育心理学和心理咨询等。

公共卫生：加拿大的公共卫生体系完善，公共卫生专业人员在保护和促进公众健康方面起着关键作用。相关的职业和专业包括公共卫生学、流行病学、健康政策与管理、环境健康等。

法律与人权：加拿大的法律体系和人权保护措施完善，法律职业在社会中具有重要地位。相关的职业和专业包括法律、国际法、人权法、环境法和公共政策等。

艺术与创意产业：加拿大的多元文化和开放的社会环境为艺术和创意产业提供了丰富的土壤。相关的职业和专业包括视觉艺术、表演艺术、电影制作、创意写作、艺术管理等。

语言学与翻译：由于加拿大的双语环境和多元文化背景，语言学和翻译专业也非常有特色。相关的职业和专业包括应用语言学、翻译学、语言教学和跨文化交流等。

历史与社会学：加拿大的多元文化背景为历史和社会学研究提供了丰富的素材。相关的职业和专业包括历史学、社会学、人类学和文化研究等。

通过这些专业和职业，学生和家长可以更好地理解加拿大在教育和人文社科领域的优势，并利用这些优势进行职业规划。

在辅导学生的过程中，我注意到一个非常有趣的现象，那就是父母在留学项目中的重要作用。我曾有机会与留学生及其父母组成团队，进行留学项目的相助。通过这样的合作，我发现，如果父母热爱学习，并且多了解加拿大的国情，尤其是那些与中国不同的方面，那么他们对孩子的支持就会更加到位。

对于留学生父母来说，如何在孩子进行学业与职业规划时发挥作用，而又不过度控制孩子或说外行话，这是一个重要的课题。有些家长可能会用中国的方法和市场来判断加拿大的情况，但这并不总是适用的。因此，父母需要在以下几个方面做出努力：

首先，了解加拿大的国情。每个国家的国情不同，直接影响教育和就业的环境。其次，了解加拿大的职业行情和职业形式，这样才能帮助孩子在职业规划上做出更明智的选择。最后，加拿大是一个移民国家，移民政策变化多端。如果留学生有意在加拿大留下来，那么了解移民政策也是必不可少的。

通过对以上三个方面的了解，父母可以更好地支持孩子。正如我们常说的，父母先行，孩子就行。父母如果能先一步了解这些信息，就能更有效地指导孩子。孩子缺乏的不是知识，因为现在互联网可以提供各种信息，他们缺乏的是经验。而父母的人生阅历和经验，经过消化后的信息，再分享给孩子，这正是留学生所需要的。

通过努力，父母不仅能更好地支持孩子的学业和职业规划，还能在亲子互动中发挥积极作用，帮助孩子更顺利地适应和融入加拿大的生活和学习环境。

第四部分
AI时代的机遇和挑战

  AI，这个从科幻电影中走出来的"超级明星"，已经在我们的生活中掀起了不小的波澜。从20世纪50年代的图灵测试（Turing Test）到如今无处不在的智能助手，AI的旅程可谓波澜壮阔。对于加拿大的留学生来说，如何在这个AI迅速发展的时代里找到自己的定位，成为一个值得思考的问题。

  在教育方面，加拿大的大学通过博雅教育（Liberal Arts Education）让文理兼修成为可能。这就像是一场知识的大杂烩，文学、历史、心理学、计算机科学通通不在话下。无论你是人文迷还是技术控，掌握一点AI技能，都会让你未来的职业之路更宽广。

  在职业方面，AI带来了无数的机会和挑战。弱AI（Weak/Narrow AI）已经在各个领域大显身手，比如帮医生诊断疾病、为你推荐心仪的音乐，但它们还不具备接管世界的能力。而那些具有自我意识、能和你讨论人生哲学的强AI（Strong AI or Artificial General Intelligence），还停留在科幻小说里。所以，别担心，很多工作依然需要人类的智慧和情感。

  加拿大政府也不是"吃素"的，它们通过各种职业培训计划、就业保险和劳动法保护来确保每个人都能跟上AI的步伐，就像是一场科技变革中的贴心守护者，为你提供全方位的支持。

  对年轻人来说，AI不仅是个大Boss，更是一个得力助手。它可以帮你实现天马行空的创意，让你的职业生涯如虎添翼。面对未来的变革，只要保持清晰的思路和积极的心态，你一定能在AI的浪潮中找到自己的节奏，为未来做好充足的准备。你知道吗？加拿大的AI技术可是相当先进的！所以，留学生们要是在 AI 的前沿学习，千万不要错过这样的机会。这不仅是未来的趋势，更是你在职业生涯中占得先机的关键。

在加拿大，不仅有优秀的 AI 课程，还有许多让你尝试职业体验的实习机会和 Co-op 课程。有能力的话，尽量去把握这些机会吧！毕竟，实践出真知，体验过才知道自己的兴趣和潜力在哪里。当然，大学里也有很多职业辅导中心和各种活动，这些对我们的帮助都很大。不管是参加职业工作坊，还是与行业专家交流，都能拓宽我们的视野，积累宝贵的经验。

一句话，因为 AI 的发展，不管你是打算留下来还是回国，我们的思路都要更加开放和拓展。难得来加拿大，我们的留学生是不是也该努力加入这些体验，争取满载而归呢？

我曾经帮助一些同学，他们计划回国发展，但在加拿大专业学习和实习过程中，他们不仅拓展了人脉，还获得了很多实用的技能和经验。所以，趁在加拿大学习的机会，好好利用这些资源吧！

第十三章 AI 对教育和职业的影响

曾经为我的《带你走进加拿大中学》一书写推荐序的 Jessie 老师，执教于国内一所著名大学。2024 年初，趁她到多伦多探访孩子的机会，我们讨论了 AI 对教育和职业的影响。Jessie 老师不辞辛劳，把我们的讨论整理成文字，希望对留学生父母有所帮助。

AI 的概念起源于 20 世纪 50 年代，最早由计算机科学家艾伦·图灵（Alan Turing）在其论文《计算机器与智能》中提出。他设想了计算机是否能够像人类一样思考，并提出了图灵测试来判断计算机是否具有人类相当的智能水平。具体来说，图灵测试通过让询问者与一个看不见的人和一台计算机对话，以判断计算机的智能。1956 年，计算机科学家约翰·麦卡锡（John McCarthy）在一次学术会议上正式提出了"人工智能"这一术语，从此开启了 AI 研究与发展的新时代。

经过数十年的发展，随着计算机技术的不断突破，AI 在 21 世纪迎来了质的飞跃。如今，AI 技术广泛应用于医疗、零售、客户服务、制造、金融、市场营销、游戏以及军事等领域。AI 不仅提升了这些领域的工作效率和精准度，还解决了许多难题，例如使用微型机器人完成高精度手术。无论是在智能还是执行能力方面，AI 的表现都令人叹为观止。

一、学习上的准备

AI 的到来，将对教育体系提出新的要求。为了让人类更好地适应这一变革，我们需要在教育内容和方法上进行全面的改革。

教育变革，我们已经看到，课程设置更新。从 2024 年 9 月入学的 9 年级学生开始，安大略省高中文凭（OSSD）毕业要求学生获得9年级或10年级的技术教育（STEM）学分和两个在线学习（Online Learning）学分。在之前毕业生除了须通过安大略省高中文学水平测试（OSSLT），还增加了金融知识测试（Financial Literacy Test），以应对未来社会之需。

多伦多地区几个公立教育局制订了新教学指引，从小学开始普及编程教育，逐步深入AI基础知识，中学加入了新科技、高级算法、数据科学等内容。加拿大一些顶级私校已将AI技术融入各学科的教学中，培养学生的综合应用能力。例如，在数学课上学习数据分析，在生物课上学习基因组数据处理等。加拿大中学注重培养创新和批判性思维，例如，问题导向学习，引导学生通过解决实际问题来学习知识，培养他们的创新能力和批判性思维。项目式学习，鼓励学生参与跨学科项目，培养团队合作和解决复杂问题的能力。学校重视实验室和实训基地建设，以加强学生实践和动手能力，同时，在课外为学生提供更多动手实践的机会，如编程实验室、机器人实验室、创客空间等。

对于大学而言，AI的影响显而易见。

首先，专业选择方面的挑战与机遇。在国内，文科与理工科的界限划分较为明确，课程内容也有很大差异。然而，在加拿大的大学里，文理科往往合并在一个学院中，通过博雅教育帮助学生形成全面的基本素养，这对适应AI时代的发展尤为重要。

对于学习文学、历史、心理学或艺术类的学生，在专注本专业知识的同时，还学习AI相关的应用，无疑将大大有利于未来的职业发展；而那些理工科学生，如果能在学习本专业课程的同时，具备较为深厚的文学、历史、心理学等知识，那么未来职业发展的道路将更加宽广。由此可见，不必每个学生都要去挤计算机科学这条赛道，专门在AI学习研究方面深耕，每个人都有自己的强项和兴趣，选择自己擅长的专业，同时开阔视野，关注与自己专业相关的AI动态及应用，这样未来可能会更具竞争力。

时代的发展也要求我们具备终身学习的能力，文理兼备为工作打下坚实的基础。甚至有人说，一个懂哲学的计算机科学家，或一个懂AI技术的艺术家，未来可能有更多的发展机会，这就是所谓的挑战和机遇并存吧。

其次，学习方式的转变也在悄然发生。随着机器学习能力的提升，知识积累的速度越来越快。这是否意味着我们在校园学习中，除了积累知识，更应注重培养思考能力和提出问题的能力？加拿大的大学提供了丰富的跨学科资源，多听、多学、多思考不同教授的推理方式，训练自己的提问和推理能力，这比单纯的知识积累更为重要。

最后，在借助最新 AI 技术学习的同时，我们也不能让人工智能取代了人类的智能。以 ChatGPT 为例，北美大学的专家教授对其在校园中的使用存在争议。一些人认为，这有助于学生快速熟悉前沿科技，有利于未来发展；但也有人担心，这可能会导致学生依赖技术工具而懈怠自己的学习。不同大学对这项技术的应用有不同的规定，留学生需要充分利用前沿科技提升自己，同时注意遵守所在大学的规定。毕竟，留学的目的不仅是获得文凭，更重要的是提高个人能力。

二、AI 对职业发展的影响

AI，即通过机器学习模拟人类行为的技术，随着其学习能力的不断提升，已在许多领域得到广泛应用。然而，AI 是否会取代人类的工作机会，依然是一个充满挑战与机遇的话题。

AI 技术可以分为两种：强 AI 和弱 AI。

1. 弱 AI

弱 AI 主要应用于特定任务，通过学习代替人类完成某项工作，并且在这一范围内表现优异。例如，语音助手可以帮你设置提醒、推荐音乐，甚至通过语音指令控制智能家居设备。滑铁卢大学的学生开发了一款 AI 应用，可以通过分析大量医疗数据，帮助医生更快、更准确地诊断疾病。

2. 强 AI

强 AI 则是 AI 领域的终极目标，具备自我觉知和思考能力，就像一个真正的人工大脑。未来某天，我们可能会看到一种 AI，通过阅读和理解大量书籍，具备广博的知识，能够在任何科学领域与专家进行讨论。这种 AI 不仅能帮你写论文，还能给你提供职业发展的建议，甚至与人类讨论人生哲学问题。

虽然关于 AI 的讨论充满了各种观点和情绪，但了解当前的技术发展阶段，可以帮助我们更理性地看待所谓"工作被 AI 抢走"的问题。

首先，当前机器的学习范围尚未涉及所有人类工作领域。这意味着，至少目前并不是所有职业都会被替代。以教师为例，虽然机器或许能用更高效的手段教学生知识，但在情绪支持、情感认知以及与他人和环境的关系处理方面，机器尚不能完全取代人类教师。这也意味着，如果人类保持强大的学习和认知能力，特别是终身学习能力，机器完全替代我们的窗口期将会更长。

其次，加拿大作为一个社会稳定的国家，重视对现有职业从业人员的保护。虽然在 AI 技术的研发方面保持领先，但在完全替代现有从业人员方面，依然采取了谨慎的态度。

加拿大的保守政策与保护措施如下。

第一，职业培训与再教育计划。加拿大政府提供多种职业培训和再教育计划，帮助员工适应技术变革。例如，"Canada Training Benefit"项目为希望提升技能的员工提供资金支持，确保他们跟上科技发展的步伐。

第二，就业保险与支持。加拿大的就业保险（Employment Insurance，EI）制度为失业人员提供临时性收入支持，同时也包含职业培训项目，帮助失业人员重新进入劳动力市场。

第三，劳动法保护。加拿大的劳动法规定了雇主必须为员工提供公平的工作环境，并保障员工的基本权益。随着 AI 技术的发展，加拿大也在不断更新劳动法，以应对新的挑战。

第四，AI 伦理与监管。加拿大积极参与国际 AI 伦理与监管的讨论，制定了一系列政策和指南，确保 AI 技术的开发和应用符合伦理标准。例如，加拿大政府发布了《加拿大数字宪章》，其中包含关于 AI 技术的原则，确保技术发展不损害公众利益。

事实上，我们应该更多地看到 AI 技术发展带来的新的工作机会，特别是对年轻人而言。AI 的应用极大地提升了我们的某些能力，当我们具有创意却无法表达时，借助机器可以完美地表现出来，仿佛如虎添翼。这其中孕育的工作机会，对于有备而来的年轻人是不容错过的。

科学技术的发展必然会给人类生活方式带来影响或冲击，但如果我们能厘清思路，或许可以帮助我们专注于当下的学习和工作，同时积极为未来做好准备，不致迷失在纷繁复杂的变革中。

三、留学生如何面对 AI 带来的新变化

作为 AI 技术发展的前沿国家，加拿大吸引了无数学子前来深造。那么，对于那些选择在加拿大留学的学生及其家长而言，如何利用这一优势选择适合的专业，并为未来的职业发展做好准备呢？

首先，专业选择中的挑战与机遇。在国内，文科与理工科的界限十分分明，学习内容也各有差异。然而，加拿大的大学常常将文理科合并在一个学院中，通过博雅教育培养学生人文与科学的基本素养，这在 AI 时代显得尤为重要。例如，如果你是多伦多大学文学专业的学生，可以利用 AI 进行文学分析。想象一下，通过 AI 分析成千上万本经典小说，从中找出共同的主题和叙事结构，这不仅能让你在文学分析上更具专业性，还提升了你在大数据处理上的技能。如你可以使用自然语言处理技术来分析莎士比亚的作品，找出其中的隐喻和象征手法。这样的研究不仅有趣，还能为文学研究者提供全新的视角。又如，如果你是麦吉尔大学的历史专业学生，AI 可以帮助你进行历史事件的模式识别和趋势分析。想象一下，利用 AI 技术分析历史战争的战术变化，这样的研究不仅有趣，还可能加深我们对历史的理解。此外，AI 还能帮助你整理和分析大量的历史文献，从而发现新的历史事实和趋势。

其次，对于理工科学生来说，掌握一些人文学科的知识同样至关重要。比如，在滑铁卢大学的计算机科学专业，你可以学习一些心理学知识，以设计出更符合用户需求的软件界面。又如，在 UBC 的工程学专业学生，通过研读文学作品中的未来社会设想，激发自己的创新和发明灵感。正如史蒂夫·乔布斯所言："技术若没有与人文艺术结合，是没有意义的；只有二者结合，才能产生更大的影响力。"我知道，在 UBC，每年都会邀请各领域的专家进行跨学科讲座。例如，你可以在同一天聆听一位 AI 专家讲解机器学习算法，然后再听一位哲学教授探讨 AI 伦理问题。这种跨学科的学习模式，不仅拓宽了你的视野，还培养了你从不同角度思考问题的能力。

最后，在利用最新 AI 技术学习的同时，我们也不能让 AI 取代人类的智能。以 ChatGPT 为例，一位在麦吉尔大学学习的学生分享了他的经验：他利用 ChatGPT 帮助他快速了解某些复杂的 AI 算法，但在写论文时，他确保所有的分析和结论都是通过自己的思考和验证得出的。这种方式既能利用 AI 工具提升学习效率，又能保证自己的能力得到真正的提高。

四、对留学生家长的建议

在 AI 时代，家长在支持孩子找到自己的道路方面扮演着重要角色。以下是一些具体的建议，可以让孩子充分利用他们在加拿大站在 AI 技术发展前沿的优势：

第一，充分利用 AI 技术发展前沿的地理优势。您的孩子现在已经在加拿大，这里是 AI 技术的前沿阵地。鼓励他们把握这个独特的优势，充分参与各种 AI 项目和实践。例如，可以鼓励孩子参加多伦多大学的 AI 研究小组，或参与滑铁卢大学的 AI 创新比赛，这些都是绝佳的锻炼机会。告诉他们，利用这些资源将让他们在未来职业竞争中更具优势。

第二，改变观念，重视跨学科学习。在加拿大的大学，文理学院通过博雅教育为学生提供全面发展的机会。引导学生打破文理科的界限，重视跨学科和交叉学科的学习。例如，一个计算机科学专业的学生可以通过选修心理学课程来设计更人性化的 AI 产品，文学专业的学生则可以学习数据分析，利用 AI 技术进行文学作品的深度研究。让孩子认识到，跨学科的知识将为他们带来更广阔的职业发展前景。

第三，利用加拿大大学学位制度的灵活性。加拿大大学的学位制度灵活多样，学生可以根据自己的兴趣和职业目标自由选择课程和专业。家长可以鼓励孩子探索不同的学科领域，厘清游戏规则，灵活调整自己的学习计划。例如，一个工程学专业的学生可以选择辅修市场营销，通过了解市场需求来开发更有价值的技术产品。让孩子明白，灵活运用大学提供的各种选课机会，将大大增强他们的综合竞争力。

第四，充分利用大学资源：加拿大的大学提供丰富的活动资源，包括讲座、研讨会、比赛和实验室设备。家长可以鼓励孩子积极参与这些活动。例如，在 UBC，每年都会举办跨学科的学术讲座和 AI 主题研讨会，这些都是拓展知识边界和社交网络的重要机会。又如，孩子可以参加麦吉尔大学的 AI 创业比赛，从中获取实际项目经验，并建立与业内专家的联系。

通过这些方式，家长可以在孩子的教育和职业规划中发挥积极作用，帮助他们在 AI 时代找到自己的方向，实现个人和职业的成功。

第十四章　抓住在加拿大接受 AI 教育的机遇

在 AI 时代，我们的孩子能在加拿大这一全球 AI 技术发展前沿阵地求学，需要我们懂得珍惜这些机会。作为家长，在帮助孩子充分利用这些资源、抓住机遇方面，扮演着至关重要的角色。

一、福，在哪里呢

在加拿大，咱们的孩子可谓身在福中不知福啊！加拿大不仅有优质的教育体系，更是在 AI 研究和技术应用方面站在了世界的前沿。这里的"福"其实就是无尽的机遇。

正如查强教授在本书推荐序里写道："在评说加拿大的教育体系之前，我想对加拿大整体的教育实力和表现说上几句，因为教育的结构必然是自下而上地构建，只有基础坚实了，上层才会稳固、才能出色。"加拿大从教育方面来说应该是一匹黑马；尽管加拿大一直很低调，没有得到很多人的关注，但实际上加拿大的教育实力和表现是非常亮眼的。我们从基础教育说起：刚刚公布的"国际学生能力评估计划 2022"（PISA 2022）的结果，在三个测试领域，加拿大都在西方体系中领先。这三个测试领域分别是数学、阅读和科学素养。PISA 2022 有来自 81 个国家和经济体的 69 万名学生参加了测试，他们代表了这些国家和经济体的 2900 万名学生；在这三个测试领域，在这样一个庞大的学生体量下，加拿大学生的数学表现名列全球第九，阅读和科学都是名列第八，亦即全部进入了前十名。在前十名当中一般都有 5~6 个东亚体系，所以东亚体系是大赢家，加拿大则是西方体系里的赢家。在西方体系当中，只有爱沙尼亚、爱尔兰和瑞士在不同的测试领域略优于加拿大。跟那些国家相比，加拿大的教育体量要大得多，而且加拿大的人口和文化的多样性程度也远远高于那些国家，因此，从这些方面来看加拿大取得的基础教育成就是非常令人瞩目的。

加拿大的大学教育，在本科教育层次上的特点有两个：一个是加拿大大学教育的质量均衡。加拿大的大学绝大部分是公立大学，从而使政府能够保证在资源投入上是相对均衡的，这样也就带来实力和质量的相对均衡。加拿大为了因应加拿大的国情，有的放矢地采取了这样的做法和政策。加拿大最突出的国情就是地广人稀，为了保证散布在辽阔国土上的人口能够获得质量可比的大学教育，从大学资源的分配、从大学实力的分布上，都力求做到相对均衡。另一个就是加拿大大学教育的人文气息浓厚。加拿大大学有超过一半的专业与博雅教育相关，所以博雅教育资源丰富。博雅教育培养学生的批判性思维能力，对构建学生的终身学习能力和提升知识发展韧性都有很大的帮助。同时，博雅教育常常被视作一种精英教育。在美国，通常由昂贵的私立博雅教育学院来提供这种性质的教育；而在加拿大，是由公立大学提供博雅教育，相对来说代价低得多，但质量并不低。

说到加拿大 AI 优势，对留学生而言，让我们来看看这些福气具体体现在哪里：

1. 顶尖的研究机构

加拿大拥有多所世界顶尖的研究型大学，比如多伦多大学、麦吉尔大学和 UBC。这些学校的 AI 研究实力均不容小觑，甚至有"AI 教父"之称的 Geoffrey Hinton 在多伦多大学坐镇。你知道吗？Geoffrey Hinton 可是神经网络的奠基人之一，他的研究成果让全球 AI 领域都刮目相看。

2. 强大的科技企业支持

谷歌、脸书、IBM 这些全球科技巨头都在加拿大设有 AI 研究中心。学生们有机会直接参与这些大公司的项目，接触最前沿的技术。数据显示，自2017 年以来，加拿大在 AI 和数字研究创新方面投资超过 20 亿加元，这是真金白银砸出来的机遇啊！

3. 丰富的学术资源

加拿大的大学提供了丰富的跨学科课程，鼓励学生将 AI 与其他学科结合，比如心理学、商业管理、环境科学等。别的国家可能也有类似的课程，但加拿大的博雅教育体系更加注重全面发展，让学生们成为真正的多面手。

4. 灵活的学位制度

在加拿大，学位制度非常灵活，学生可以根据自己的兴趣和职业目标自由选择和调整课程组合，像玩拼图一样灵活有趣。有些国家的学位制度相对僵化，咱们的孩子可真是福气满满。

5. 活跃的学术和技术社区

加拿大有着活跃的 AI 学术和技术社区，各种研讨会、讲座、黑客马拉松和创业比赛一个接一个地举办。学生们可以在这些活动中展示自己的技能，学习最新的技术，还能和业内专家交朋友。加拿大的这些活动多得让人眼花缭乱，简直是学生们的练兵场。

二、抓住机遇，充分利用加拿大 AI 技术发展前沿的地理优势

我们的孩子现在处于加拿大这个 AI 技术的前沿阵地，简直就是身处"科技乐园"啊！这可不是在吹牛，加拿大在 AI 领域的地理优势让人垂涎欲滴。来看看以下这些例子。

多伦多大学：这里与 Vector Institute（世界领先的 AI 研究机构）合作，学生可以参与其中的研究项目，接触到来自谷歌、Uber 等科技巨头的最新技术。想象一下，你的孩子可能就在未来的 AI 技术突破中扮演重要角色呢！

UBC：UBC 每年举办跨学科学术讲座和 AI 主题研讨会，如 UBC AI & Machine Learning Research Group，拓展学生知识面并提供与专家交流的机会。

麦吉尔大学：麦吉尔大学的 AI 创业比赛（McGill Dobson Cup），让学生可以将创意转化为现实项目，获得实际操作经验并可能获得创业基金支持。

滑铁卢大学：滑铁卢大学以其强大的计算机科学和工程项目闻名，学生可以参与各种 AI 研究项目并获得实习机会，接触最前沿的 AI 技术应用。

麦克马斯特大学：麦克马斯特大学的计算机科学和工程学院提供了丰富的 AI 课程和研究机会，学生可以在这些项目中培养实践能力和创新思维能力。

女王大学：女王大学的工程和应用科学学院内设有多个 AI 研究实验室，比如 Queen's Artificial Intelligence and Robotics Laboratory，学生可以在这里大显

身手，参与各种跨学科的 AI 项目。简直就是科技迷的天堂。

西安大略大学：这里定期举办 AI 研讨会和黑客马拉松（Hack Western）比赛，学生不仅可以展示自己的技能，还能与行业专家面对面交流。下一次的 AI 创新说不定就会从这些活动中诞生呢！

卡尔顿大学：SCE Carleton Engineering in Medicine and Biology Society 的活动让学生们有机会接触 AI 在生物医学领域的应用。也许你的孩子未来会发明出革命性的医疗 AI 技术！

戴尔豪斯大学：Dal AI and Machine Learning Society 为学生提供丰富的 AI 学习和实践机会，让他们在学术和实际应用之间找到完美平衡。

萨斯喀彻温大学：萨斯喀彻温大学计算机科学学院提供了 AI 研究机会，学生可以参与 AI 在农业和环境科学中的应用项目。谁说农田里只有农民，未来的农田也可能有 AI 的身影呢！

纽芬兰纪念大学：纽芬兰纪念大学计算机科学系的多个 AI 项目为学生提供了参与研究并与行业专家合作的机会。未来的 AI 专家可能就在这些实验室中诞生。

渥太华大学：uOttawa AI Society 的活动让学生可以接触最新的 AI 研究项目和技术应用。你的孩子在这里可能会成为下一代的 AI 先锋。

西门菲莎大学：SFU AI and Robotics Club 为学生提供了接触 AI 和机器人技术的机会。想象一下，你的孩子也许会开发出下一代智能机器人。

三、给留学生的三大建议

1. 改变观念，重视跨学科学习

在加拿大，博雅教育为学生提供了全面发展的机会。引导学生打破文理科的界限，重视跨学科和交叉学科的学习是非常重要的。让我们看看一些具体的例子。

• 多伦多大学：多伦多大学计算机科学专业的学生可以选修心理学课程，理解人类行为和认知模式，从而开发贴近用户需求的 AI 产品。这不只是学术上的飞跃，更是实用技能的提升。

• UBC：UBC 的学生有机会选修跨学科课程，例如将环境科学与计算机科学相结合，研究 AI 在环境保护中的应用。想象一下，既能拯救地球又能玩转科技，简直就是双赢！

- 麦吉尔大学：麦吉尔大学文学专业的学生可以利用数据分析技术研究文学作品的主题和叙事结构，借助 AI 技术发现隐藏的文学趋势。这不仅提升了他们的分析能力，还让他们在 AI 领域找到自己的独特位置。

- 麦克马斯特大学：麦克马斯特大学健康科学专业的学生可以选修 AI 课程，了解如何使用 AI 技术进行医疗数据分析和疾病预测。未来的医疗专家也许就是现在这些跨学科学习的学生。

- 滑铁卢大学：滑铁卢大学工程学专业学生可以选择辅修商业管理，了解市场需求，开发出更有商业价值的技术产品。滑铁卢大学的学生总能在技术与商业之间找到平衡点，成为创新的领军人物。

- 阿尔伯塔大学：阿尔伯塔大学文理学院提供跨学科课程，如社会科学与数据科学结合的综合研究项目。

- 多伦多都会大学：多伦多都会大学计算机科学专业的学生可以选修心理学课程，理解人类行为和认知模式，从而开发贴近用户需求的 AI 产品。

- 约克大学：约克大学文学专业的学生可以利用数据分析技术研究文学作品的主题和叙事结构，借助 AI 技术发现隐藏的文学趋势。

- 渥太华大学：渥太华大学提供跨学科课程，如将人文学科与数据科学结合，研究社会现象和人类行为。

- 温莎大学：温莎大学健康科学专业的学生可以选修 AI 课程，了解如何使用 AI 技术进行医疗数据分析和疾病预测。

- 圣弗朗西斯泽维尔大学：提供博雅教育，鼓励学生跨学科学习，结合人文和科学知识。

- 阿卡迪亚大学：博雅教育计划让学生接触广泛的学科领域，培养跨学科思维能力。

- 新不伦瑞克大学：新不伦瑞克大学工程学专业的学生可以选修经济学和商业课程，学习如何将技术与商业策略相结合。

- 爱德华王子岛大学：其举办跨学科项目允许学生结合环境科学和计算科学，研究 AI 在环境保护中的应用。

2. 利用加拿大大学学位制度的灵活性

加拿大大学的学位制度灵活多样，学生可以根据自己的兴趣和职业目标自由选择课程和专业。家长可以鼓励孩子探索不同的学科领域，并充分利用学校提供的灵活选课机制。

- 多伦多大学：多伦多大学生物学专业的学生可以选修计算机科学课程，掌握生物信息学技能，参与前沿的基因研究项目。这样的组合不仅独特，而且前景广阔。

- UBC：UBC 工程学专业的学生可以选择辅修市场营销，了解市场需求，开发出更有商业价值的技术产品。UBC 的灵活学位制度让学生得到全面发展的可能。

- 麦吉尔大学：学生可以选择跨学科的课程组合，例如将人文学科与数据科学结合，研究社会现象和人类行为。麦吉尔大学鼓励学生大胆探索，追求自己的兴趣。

- 麦克马斯特大学：麦克马斯特大学农业与生物资源学院的学生可以选修 AI 和数据分析课程，研究智能农业技术。这样的课程组合不仅实用，而且创新。

- 滑铁卢大学：滑铁卢大学的学生可以选修多样化的课程，例如结合心理学和数据科学进行行为分析研究。滑铁卢大学的学位制度让学生有无限的可能性。

3. 充分利用大学资源

加拿大的大学提供丰富的资源，包括讲座、研讨会、比赛和实验室设备。家长可以鼓励孩子积极参与这些活动，例如：

- 温莎大学：AI 研究中心定期举办讲座和工作坊，如 Windsor Artificial Intelligence Institute，邀请全球知名 AI 专家分享最新研究成果和应用案例。

- 布鲁克大学：提供丰富的课外活动和实习机会，如 Brock Innovation Group，帮助学生在实践中提升技能和建立职业网络。

- 康考迪亚大学：设有 Concordia Institute for Information Systems Engineering，学生可以参与其中的 AI 研究项目。

- 卡尔加里大学：Haskayne School of Business 和 Schulich School of Engineering 共同提供跨学科项目，学生可以结合商业和工程课程，学习如何将 AI 应用于企业管理和技术开发。

- 新不伦瑞克大学：定期举办创新与创业讲座，学生可以通过这些活动了解最新的 AI 应用和创业机会。

- 渥太华大学：Telfer School of Management 和 Faculty of Engineering 共同提供 AI 与商业管理跨学科项目，学生可以通过这些课程了解如何将 AI 技术应用于实际商业环境中。

- 西门菲莎大学：SFU VentureLabs 提供创业支持和资源，学生可以通过这里了解 AI 技术在创业中的应用。

在这些充满机遇的地方，鼓励孩子们充分参与各种 AI 项目和实践，抓住每一个可能改变未来的机会！

加拿大在 AI 技术方面处于领先地位，这是有目共睹的。以下是一些你可能感兴趣的相关信息：

- AI 教父的传奇：自 20 世纪 90 年代以来，加拿大在人工智能和深度学习领域一直处于领先地位。这要归功于"AI 教父"——加拿大人 Yoshua Bengio 和 Geoffrey Hinton 的研究和创新。他们的工作奠定了现代 AI 的基础。

- 国家战略和投资：自 2017 年以来，加拿大已投资超过 20 亿加元支持 AI 和数字研究创新。2024 年的联邦财政预算案中，又增加了 24 亿加元支持 AI 发展，确保加拿大在人工智能领域的优势。

- 制定国家战略的先驱：加拿大是全球最早制定国家人工智能战略的国家之一，致力于负责任地发展和应用 AI 技术，确保其安全和伦理使用。

- 顶尖的研究机构：加拿大拥有多所世界顶尖的 AI 研究机构，如安大略省的 Vector Institute 和蒙特利尔市的 Mila 研究所。这些机构在全球 AI 研究人员、AI 论文发表量和专利申请量方面都处于领先地位。

- 职业前景：2022 年至 2023 年，加拿大有超过 14 万名专业人员从事 AI 工作，同比增加了 29 个百分点。AI 相关职业的薪酬也处于高水平，吸引了众多人才。

深入了解加拿大在推动 AI 技术发展方面的政策和战略，见链接：https://cifar.ca/ai/。根据加拿大政府和 CIFAR 的资料，加拿大的三大国家人工智能研究所分别是位于埃德蒙顿的 Amii、蒙特利尔的 Mila Quebec 和多伦多的 Vector Institute。这些研究所是加拿大国家人工智能战略的一部分，致力于将 AI 研究成果转化为商业应用，并推动 AI 技术在各行业的应用。

Vector 研究所：这是加拿大顶尖的 AI 研究机构之一，要了解他们的最新研究项目和合作机会，见链接：https://vectorinstitute.ai/。

Mila Quebec 人工智能研究所：全球领先的 AI 研究机构之一，探索他们在深度学习和 AI 应用方面的前沿研究，见链接：https://mila.quebec/en。

阿尔伯塔大学的 Amii 研究所：位于埃德蒙顿的 Alberta Machine Intelligence Institute，专注于机器学习和人工智能的前沿研究，见链接：https://www.amii.ca/。

图 14-1 加拿大政府制定并公布的《泛加拿大人工智能战略》

第十五章　AI 时代的新体验：Co-op 专业项目

是否让孩子参与 Co-op 项目，这可能是许多留学生家长头疼的问题。这个项目究竟是一次通往顶级公司的黄金机会，还是一场频繁搬迁的挑战之旅？为了帮助大家做出更明智的决策，我们采访了两位已经在 Co-op 项目中积累了丰富经验的留学生，来看看他们在多伦多大学和滑铁卢大学的真实经历。

一、两位同学的分享

多伦多大学：凯文的顶级企业历险记。

采访对象：凯文，计算机科学专业。

问：为什么选择多伦多大学的 Co-op 项目？

凯文：因为这里有机会和世界顶级企业合作！想象一下，在谷歌和微软这样的公司实习，不仅能积累宝贵的经验，还能大大提升我的职业竞争力。

问：能分享一下在这些大公司工作的经历吗？

凯文：当然了！在谷歌，我处理和分析了海量数据，这让我学到了很多实际技能。而在微软，我负责开发新功能和代码优化，进一步加深了我的编程理解。

问：有什么挑战吗？

凯文：最大的挑战是竞争。多伦多大学的 Co-op 职位竞争非常激烈，每年都有很多优秀的学生申请。这也逼迫我不断提升自己，无论是学术成绩还是软技能。

问：生活成本方面呢？

凯文：多伦多的生活成本确实比较高，尤其是租金和日常开销。但幸运的是，Co-op 期间的收入足够覆盖这些费用，还能存下一些。

问：你认为什么人不适合参加 Co-op 项目？

凯文：如果你不喜欢竞争激烈的环境，或者觉得压力过大无法应对，那么可能不适合参加 Co-op 项目。此外，如果你在学术上有很多需要关注的事情，可能会觉得很难平衡工作和学习。

滑铁卢大学：艾米丽的频繁搬迁生活。

采访对象：艾米丽，计算机科学专业。

问：为什么选择滑铁卢大学的 Co-op 项目？

艾米丽：滑铁卢大学的 Co-op 项目是北美最大之一，每年有成千上万的工作岗位。我觉得这个项目能给我提供丰富的工作机会，让我在毕业前积累大量的实际工作经验。

问：能分享一下你的一些 Co-op 工作经历吗？

艾米丽：当然！我在滑铁卢大学的 Co-op 期间，先后在三家不同的公司工作过。第一份是在一家初创公司，负责开发一个新应用；第二份是在一家大型银行，主要做数据分析和处理；第三份是在一家跨国科技公司，参与了一个全球项目的开发。

问：这些经历对你有什么帮助？

艾米丽：这些经历让我积累了在不同领域工作的经验，也让我学会了如何快速适应新的工作环境。每一次的工作都让我成长了很多，不仅是专业技能，还有解决问题的能力和团队合作的经验。

问：有什么挑战吗？

艾米丽：最大的挑战是频繁的搬迁。每隔四个月就要换一个新的城市和工作环境，确实有点累。不过，这也让我学会了如何更好地管理时间和适应新的环境。

问：生活成本方面呢？

艾米丽：滑铁卢的生活成本相对较低，租金和日常开销都比多伦多便宜很多；而且，Co-op 的薪酬也比较高，基本能覆盖所有的费用。

问：你认为什么人不适合参加 Co-op 项目？

艾米丽：如果你不喜欢频繁搬迁，喜欢稳定的生活环境，Co-op 项目可能不适合你。此外，如果你不善于快速适应新环境或者不喜欢面对新的人和事，也可能会觉得很有压力。

二、Co-op，教育潮流的演变

Co-op 项目不仅是加拿大教育的一部分，更是一个能够帮助学生在真实世界中获得工作经验的桥梁。那么，Co-op 到底是什么？它是如何在加拿大扎根并迅速发展的呢？

对传统大学教育的挑战。传统的大学教育往往侧重于理论知识的传授，而缺乏实际操作和工作经验的培养。这种模式虽然能打下扎实的学术基础，但在学生毕业进入职场时，常常面临以下几个挑战：

1. 实践经验不足

缺乏实际工作经验的学生，在进入职场后需要较长时间适应和培训，降低了企业的招聘意愿。

2. 就业竞争力弱

面对日益激烈的就业市场，企业更倾向于招聘那些已经具备一定实践经验的毕业生。

3. 理论与实践脱节

学生在实际工作中可能发现，所学理论知识与实际应用存在差距，导致工作效率低下。

Co-op 教育模式的引入。Co-op 教育模式源于 20 个世纪初美国大学，旨在通过将课堂学习与实际工作经验相结合，培养学生的实际操作能力和职业素养。20 世纪 50 年代，滑铁卢大学将 Co-op 教育模式引入加拿大，并迅速推广到其他高校。这个模式旨在将课堂学习与实际工作经验相结合，培养学生的实际操作能力和职业素养。

滑铁卢大学成立于 1957 年，创始人有一个明确的目标：创建一所能够提供现代、实用教育的大学。大学创始校长 Gerry Hagey 和第一任教务长 I. M. Fletcher 都深信，理论知识必须与实际应用相结合，才能真正满足社会和工业界的需求。他们注意到，在传统的教育模式中，学生毕业时缺乏实际工作经验，无法立即适应职场需求。因此，滑铁卢大学在成立之初便将 Co-op 模式作为其核心教育理念之一，以确保学生能够在毕业时拥有实用的工作技能和丰富的实践经验。这个创新举措得到了当地企业的热烈响应，因为企业需要能够立即上手的毕业生，而不是需要长时间培训的新员工。滑铁卢大学与众多企业建立了合作关系，为学生提供各种实习机会，这不仅提升了学生的就业竞争力，也密切了大学与企业的联系。滑铁卢大学引入 Co-op 的故事记录在校史里（有兴趣者可阅读，见链接：https://uwaterloo.ca/about/history）。

政府和企业的支持。加拿大政府对 Co-op 教育模式持积极支持的态度，认为这是提高就业率和经济发展的重要手段之一。数据显示，参与 Co-op 项目的学生在毕业后的就业率显著高于未参与项目的学生。滑铁卢大学报告称，其 89% 的参与 Co-op 项目的学生在毕业后的六个月内能够找到工作，且就业与所学技能高度相关（见链接：https://uwaterloo.ca/future-students/co-op）。根据加拿大统计局的数据，参与 Co-op 项目的学生在毕业后六个月内找到工作的比例为 83%，而且他们的收入普遍高于未参与 Co-op 项目的毕业生（见链接：https://www150.statcan.gc.ca/n1/pub/81-595-m/2014101/section03-eng.htm）。

政府通过各种计划和资助，鼓励高校和企业参与 Co-op 项目。例如，"加拿大学生就业计划"（Canada Student Work Placement Program）为参与 Co-op 项目的学生提供了资金支持（见链接：https://www.utsc.utoronto.ca/artscicoop/co-op-income-co-op-fees）。

不仅政府，企业也是 Co-op 项目的重要支持者。很多公司都积极参与到 Co-op 项目中来，为学生提供实习机会。企业乐于参与的原因是，它们可以通过在实习期观察学生的工作表现，找到最适合的未来员工。正因为如此，滑铁卢大学在 *Maclean's* 杂志的排名中总是名列前茅，因为这本杂志的排名指标中包含了雇主对毕业生的满意度。

形成规模。随着 Co-op 项目的成功和广泛应用，这种教育模式正在成为一种新的教育潮流。越来越多的学校和学生认识到，实际工作经验对职业发展的重要性，从而推动了 Co-op 项目的发展和普及。

在加拿大，许多大学和学院都提供 Co-op 项目，涵盖了广泛的专业领域。

据统计，加拿大有超过 100 所大学和学院提供 Co-op 项目，涉及工程、计算机科学、商科、健康科学等多个学科。例如，滑铁卢大学每年提供约 25000 个 Co-op 岗位，而多伦多大学参与 Co-op 项目的学生也有机会在顶级企业中实习。

三、对于留学生，Co-op 项目有利有弊须权衡

虽然 Co-op 教育模式在加拿大被广泛接受和推崇，但也有其不利之处。留学生在决定是否参与 Co-op 项目时，应综合考虑这些潜在的缺点，并根据自己的情况做出最合适的选择。以下是一些常见的挑战：

第一，人生地不熟的挑战。对于留学生来说，适应新环境可能是个巨大的挑战。滑铁卢大学的学生 John 因为在新城市人生地不熟，无法获得足够的支持，导致适应新环境困难，影响了学术成绩和心理健康。他在第三次 Co-op 工作期间，因无法适应新的城市和工作环境而放弃了实习机会，最终影响了毕业进度和就业前景。

第二，竞争过于激烈。在多伦多大学的 Sam，由于 Co-op 职位竞争激烈，连续三个学期都未能获得理想的实习机会。这不仅打击了他的自信心，还导致他在毕业时缺乏实际工作经验，影响了就业前景，具体体现在：

（1）工作竞争激烈：由于 Co-op 项目的受欢迎程度，学生在寻找 Co-op 职位时面临激烈的竞争。这可能导致一些学生无法找到适合的工作，特别是那些经验较少或学术成绩不突出的学生。

（2）时间安排紧张：Co-op 项目要求学生在学期之间轮流工作和学习，这可能导致时间安排非常紧张。一些学生可能会发现难以平衡学术要求和工作职责。

（3）延长毕业时间：由于需要完成多个工作学期，参与 Co-op 项目的学生通常比普通学生需要更多时间完成学位。这对于一些希望尽快毕业的学生来说可能是一个不利因素。

（4）心理压力：频繁的工作和学习转换可能会增加学生的心理压力和焦虑感，特别是在面对多个学期的学术和职业挑战时。

（5）专业限制：虽然很多专业设有 Co-op 项目，但并不是所有的专业都能提供丰富的 Co-op 机会。例如，人文学科和一些纯理论学科可能在找到相关工作方面会比较困难，这可能限制了这些专业学生的实习机会。

（6）工作质量不一：有些 Co-op 职位可能只提供简单或重复性的工作职务，这可能无法充分发挥学生的专业技能和知识，导致学习和成长的机会有限。

（7）学术成绩受影响：在 Co-op 工作期间，学生可能会花费大量时间和精力在工作上，这可能影响他们在学期中对课程的投入，从而导致学术成绩下降。

（8）企业与学校的沟通与协调问题：企业和学校在管理 Co-op 项目时，可能会遇到沟通和协调上的问题，例如工作时间安排、工作内容要求等。这可能导致学生在实习过程中遇到困难或不满。

第三，家长对 Co-op 的态度。我们采访了多位留学生家长，发现他们对 Co-op 项目的态度存在明显的分歧。一部分家长非常支持这种教育模式，另一部分家长则持怀疑态度。

支持 Co-op 项目的家长认为 Co-op 项目能为孩子提供宝贵的实践经验，使他们在毕业后更具竞争力。他们认为教育不仅仅是学术知识的积累，更是为未来的职业生涯做准备。

（1）实战经验：通过 Co-op，学生可以在真实的工作环境中应用所学知识，积累宝贵的实战经验。

（2）职业网络：在顶级企业实习的机会，使学生有机会与业内专业人士建立联系，这对他们未来的职业发展非常有帮助。

（3）自我提升：Co-op 的竞争环境促使学生不断提升自己的能力，无论是专业技能还是软技能。

质疑 Co-op 项目的家长则担心 Co-op 项目会给孩子带来过大的压力，影响他们的学术成绩和心理健康。他们更倾向于传统的教育模式，认为扎实的学术基础更为重要。

（1）适应困难：留学生在异国他乡，适应新的工作和生活环境可能非常困难，尤其是频繁的搬迁和陌生的城市。

（2）学业影响：一些家长担心，频繁的工作和学习转换可能会影响孩子的学术成绩，导致他们在学术上无法全身心投入。

（3）心理压力：面对激烈的竞争和高强度的工作，孩子可能会感到巨大的心理压力，甚至影响他们的心理健康。

无论支持还是反对，家长们的顾虑都源于对孩子未来的深切关心。了解这些意见，可以帮助学生和家长在做选择时更加全面地权衡利弊。

第十六章　AI 时代专业新路径：
选择跨学科专业

前面我们讨论到 AI 对教育和职业的影响时，特别提到了跨学科专业。越来越多的留学生和家长意识到，交叉学科、跨学科、多学科，是 AI 时代专业选择的新路径。

一、去哪儿找加拿大跨学科专业资料

（一）全国范围

2020 年出版的《加拿大大学目录》(*Directory of Canada Universities*) 是一个重要资源。该目录根据加拿大 CIP 专业分类，将用英文授课的大学专业分为 34 类，其中包括跨学科专业。这个目录中使用多学科和跨学科的概念。跨学科专业是指两个或两个以上学科相结合，用多种方法来解决知识领域的问题。《加拿大大学目录》不再做成纸质版后，仍然有电子版（见图 16-1）。本科阶段有两千多个专业，研究生阶段有一千多个，研究生阶段因职业导向而更为集中。见链接：https://universitystudy.ca/search-programs/。

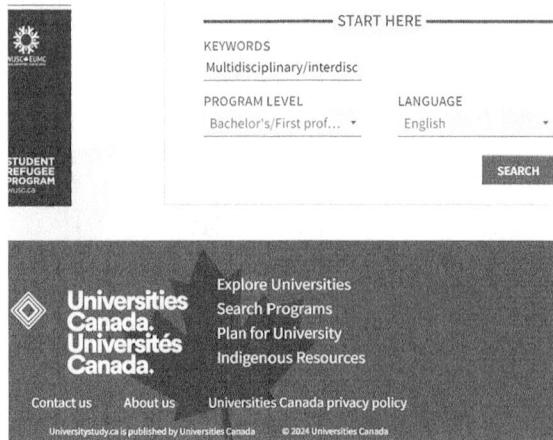

图 16-1　加拿大大学目录网页

（二）省级层面

以安大略省为例，该省有一个叫作加拿大大学资源中心（Ontario University Info）的平台（见图 16-2）。在这里，安大略省对学科进行了分类调整，总共有 17 个专业分类，其中一个是跨学科研究"interdisciplinary studies"，有 211 个专业项目。见链接：https://www.ouinfo.ca/programs/category/inter-studies。

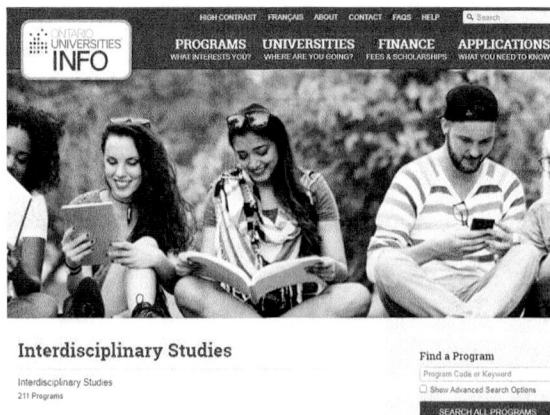

图 16-2　加拿大大学资源中心网页

（三）具体大学

在安大略省的加拿大大学资源中心网站上，可以看到 211 个专业项目覆盖全省 20 多所公立大学，包括分校和主校区，共有 30 多所大学。这些资料能帮助申请者找到各专业的 Top 6 分数要求及对应的其他要求。例如，多伦多大学士嘉宝校区，设置有相关跨学科研究专业。该学科跨越 32 个专业项目，可谓壮观，见多伦多大学官网（见图 16-3、图 16-4）。

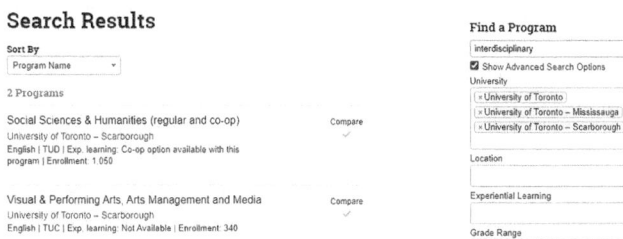

图 16-3　加拿大大学资源中心网站专业搜索页面

图 16-4　多伦多大学士嘉宝校区跨专业招生网页

如果是在魁北克省的麦吉尔大学，可以直接到大学的申请网站上查询（见图 16-5）：https://www.mcgill.ca/undergraduate-admissions/programs?&query=interdisciplinary%20programs%20。

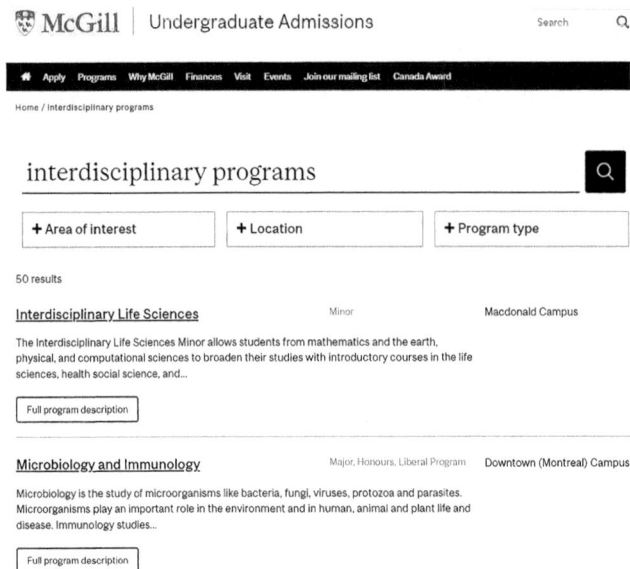

图 16-5　麦吉尔大学跨学科专业招生网页

UBC 文学院的交叉学科研究，专业概览、四年设计及学位结构见图 16-6、图 16-7，链接：https://interdisciplinary.arts.ubc.ca/program/overview/。

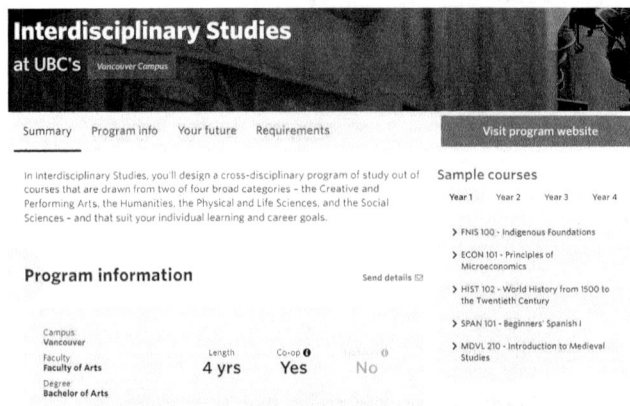

图 16-6　UBC 文学院跨学科介绍网页

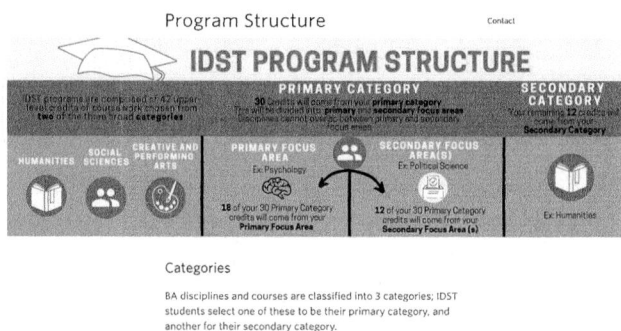

图 16-7 交叉学科研究学位结构

二、跨学科的概念

第一，中英文表达。

（1）Multidisciplinary（多学科），指的是将多个学科的知识和方法结合起来，但每个学科仍然保持其独立性。参与的学科彼此并不深入交叉，只是并列地应用于同一个问题上。例如，在一个项目中，可能有生物学家、化学家和物理学家分别从自己的学科角度进行研究。

（2）Interdisciplinary（跨学科），则是不同学科之间的深度融合和互动，形成新的研究方法或理论。这些学科不仅并列应用，还相互影响、互相借鉴，形成一种新的学科领域。例如，生物信息学结合了生物学和信息技术，创造了一个新的研究领域。

（3）Cross-disciplinary（交叉学科），介于多学科和跨学科之间，指的是将不同学科的知识进行交叉应用，可能不会形成新的学科，但会在原有学科的基础上产生新的见解或方法。例如，心理学和经济学的交叉研究可能产生行为经济学的视角。

在中文中，这三个概念的区别有时会不太明显，但在英文中有比较明确的区分。

为了让家长更好地理解跨学科的概念，我们要明白：

（1）跨学科是学科还是专业？跨学科既可以是一个独立的学科，也可以是一个专业的方向。作为学科，它跨越多个传统学科，形成新的研究领域；作为专业，它培养学生在多个学科之间综合应用的能力。

（2）传统学科与跨学科的对比：传统学科通常是单一的，而跨学科结合了多个学科。比如，生物医学工程结合了生物学和工程学，适应现代社会的多样需求。

（3）跨学科的教育模式：加拿大许多大学实行大一制，如多伦多大学的"一年级基础项目"（First Year Foundations）提供多个跨学科课程，学生可以提前了解这些课程的内容和申请条件。在大二时选择专业方向，这样学生可以根据兴趣和职业导向选择跨学科、交叉学科或双学位。

第二，传统学科专业与交叉学科专业差异。传统大学教育学科通常有明确的类别划分，如人文社科、工程、理科、艺术、商科和医学等，每个学科都有自己独立的课程设置和研究方法。交叉学科则打破了这些界限，将不同学科的知识和方法结合起来，以应对复杂的现实问题。主要区别：

（1）学科边界。传统学科：每个学科有明确的边界和独立的研究领域。例如，物理学研究物质和能量，历史学研究过去的事件。交叉学科：学科之间的边界变得模糊，强调多学科的协同。例如，生物信息学结合了生物学和信息技术，用计算方法分析生物数据。

（2）课程设置。传统学科：课程设置通常以学科为基础，学生学习的内容主要集中在某一个领域。交叉学科：课程设置更加多样化，学生需要学习来自多个学科的知识。例如，环境科学的课程可能包括生物学、化学、地理学和政策研究等内容。

（3）研究方法。传统学科：研究方法和理论通常基于单一学科的传统，例如，社会学研究方法与生物学研究方法有明显区别。交叉学科：研究方法综合了多个学科的方法，采用多角度、多层次的分析方法。例如，认知科学结合了心理学、神经科学、计算机科学等多个学科的方法来研究人类认知。

（4）职业前景。传统学科：职业路径较为清晰，对应的职业也较为传统和固定，例如，医学专业的学生通常成为医生，法律专业的学生通常成为律师。交叉学科：职业路径更具多样性和灵活性，能够适应多种新兴职业。例如，数据科学专业的学生可以在科技公司、金融机构、政府部门等多种领域工作。

家长可能会问，具体有哪些例子可以参考？以下是常见问题和具体大学的例子：

常见问题。

（1）数据科学与人工智能。这些领域密切相关。数据科学关注数据的收集、处理和分析，人工智能利用这些数据训练算法，实现自动化和智能化决策。学习时需掌握数据处理和算法设计的核心技能。

（2）生物信息与健康科技。这是一个典型的跨学科专业，涉及生物学、信息技术和医学。课程设置既有基础生物学课程，也包括编程、数据分析和医学知识。

（3）数字人文与文化。结合人文学科和数字技术，应用于文化产业、教育、博物馆和图书馆等领域。随着数字化的发展，这类专业的就业前景越来越广阔。

具体大学的例子。

（1）多伦多大学：提供广泛的跨学科项目，涵盖商学院、工程学院、文理学院、信息学院和公共卫生学院等。每个学院都设置了大量的跨学科课程，如认知系统、数据科学和生物医学工程等。大学有许多研究机构和项目，鼓励学生参与。

（2）UBC：认知系统项目结合哲学、心理学、语言学和计算机科学，数据科学项目结合计算机科学和统计学。UBC还设有全球资源系统、国际关系和媒体研究等项目。

（3）麦吉尔大学：环境科学、健康科学和社会科学等跨学科项目结合生物学、医学和信息技术。健康科学项目旨在培养应对现代健康挑战的专业人才。

（4）滑铁卢大学：提供环境与资源研究、健康信息学等跨学科项目，结合环境科学、地理学、政策研究和公共卫生。

（5）阿尔伯塔大学：提供数字人文学、健康科学教育等跨学科项目，结合计算机科学、人文学科和医学。

（6）戴尔豪斯大学：提供海洋管理、可持续发展研究等跨学科项目，结合海洋科学、环境政策和经济学。

有家长担心，总觉得跨学科很玄妙，还不如专注于某个学科更实在。因为"专业"这个词本身就强调专注，他们倾向劝孩子专注于某个专业。也有家长对跨学科专业的概念不熟悉，担心这种选择没有明确的职业前景。

三、给留学生家长的建议

（1）了解学科的价值：跨学科教育打破了传统学科的界限，培养学生具备综合应用多学科知识的能力。家长应认识到这种教育模式能够更好地适应现代社会对综合型人才的需求。

（2）注重课程设置：在选择专业时，不仅要关注学科名称，还要仔细查看课程设置和必修课程。了解这些课程如何组合，以及它们如何帮助学生在多个领域获得知识和技能。

（3）鼓励灵活选择：加拿大许多大学提供大一基础项目，允许学生在大二时选择专业方向。家长应鼓励孩子根据自己的兴趣和职业导向选择交叉学科或双学位，充分利用大学提供的多学科教育资源。

（4）重视实际应用和研究机会：选择那些提供丰富研究机构和项目的大学，这些机会可以帮助学生在实际应用中磨炼多学科综合能力，增强就业竞争力。

（5）持续关注未来发展趋势：跨学科教育在未来将变得更加重要。家长应关注相关领域的发展趋势，帮助孩子在选择专业时考虑长远的职业发展前景和社会需求。

（6）特别针对非热门、职业性很强的专业：如果学生选择了非热门但职业性很强的专业，家长应引导他们在这些专业的基础上，结合相关的跨学科课程。例如，工程专业的学生可以选修计算机科学、商业管理课程，扩展他们的技能和知识面；人文社科专业的学生可以选修数据分析或数字人文学课程，增强他们的就业竞争力。

四、加拿大跨学科和专业的过去、现状与未来趋势

过去：跨学科（interdisciplinary）这个概念起源于 20 世纪初，随着学科之间的边界逐渐模糊，学术界开始意识到单一学科的研究方法有时无法解决

复杂的问题。加拿大的跨学科教育可以追溯到 20 世纪 70 年代。例如，UBC
在 1971 年创立了第一个跨学科研究生项目，是加拿大此类项目的先驱。这种
教育模式的初衷是打破传统学科的界限，培养能够应对复杂问题的综合型
人才。

现状：随着大数据和人工智能技术的发展，跨学科的研究变得更加重要。
如今，数据科学、计算社会科学、数字人文等新领域不断涌现，跨学科/交叉
学科的研究方法和理念被广泛应用。加拿大许多大学都设有丰富的跨学科项
目。例如，多伦多大学提供广泛的跨学科项目，涵盖商学院、工程学院、文
理学院和信息学院等。UBC 的跨学科项目包括认知系统、数据科学、环境科
学等。又如，麦吉尔大学在其跨学科项目中也有广泛的设置，包括环境科学、
健康科学和社会科学等领域。此外，滑铁卢大学、阿尔伯塔大学和戴尔豪斯
大学也都在提供多样的跨学科项目。

未来趋势：随着社会和科学技术的发展，跨学科教育的需求将会增加。
预计未来会有更多跨学科项目出现，涵盖更广泛的领域，如数字人文学、健
康科学教育、环境管理等。教育模式将更加灵活和多样，鼓励学生根据兴趣
和职业目标选择课程组合。通过这些具体的项目和课程设置，学生可以在加
拿大的顶尖大学中获得丰富的跨学科教育体验，满足现代社会对综合型人才
的需求。

第五部分
职业规划实用资料和工具

在 2023 年 5 月，我作为主讲嘉宾参加了中国工商银行（加拿大）在多伦多举办的一次活动。活动中，我有幸认识了多伦多大学绿色直通车通道的创始人严媛老师。多伦多大学的绿色直通车通道项目自 2005 年启动以来，一直与国内多所著名重点高中合作，20 年来稳定地为多伦多大学输送来自中国的优秀人才。

在一次专程拜访多伦多大学国际招生部的过程中，严媛老师和我讨论了中国留学生在多伦多大学面临的各种困难和挑战，以及学校如何帮助他们克服这些问题。交流中，我送给严老师几本我之前写的书。她鼓励我在今后的写作中，不仅要告诉学生如何进入多伦多大学，还要多介绍如何充分利用大学的各种资源。毕竟，多伦多大学之所以成为加拿大最大的大学，正是因为其丰富的资源。

严媛老师的建议引起了我的极大兴趣。多伦多大学的学费是全加拿大最高的，对于一般的留学生来说，一年的学费在 6 万~7 万加元。在与留学生及其家长的交流过程中，我发现许多学生仅仅利用了图书馆、实验室和社团活动。如果语言不好，那么，他们会利用学生中心或写作辅导中心的服务。然而，很多留学生并没有充分利用大学的职业教育、职业中心和相关职业规划资源。严媛老师开玩笑地说，支付高额学费的留学生仅利用了学费所含服务的 10% 甚至 20%，实在不划算。

接受大学教育，不仅是为了分数和学分，更重要的是利用大学的职业规划资源、国际网络和校友关系等。这些大学资源是多方面的，对于学生未来的发展是珍贵的，值得挖掘和善加利用。

加拿大的大学不仅关注如何挑选和培养最优秀的人才，还投入了大量资源和精力在职业教育和职业辅导中心。通过利用强大的校友资源和社会合作办学的方法，帮助学生从大学顺利过渡到社会。毕竟，一个大学的成功不仅在于其师资力量和研究成果，还在于其毕业率和学生在社会的就业率。

因此，我花了大量时间整理了加拿大 60 所大学关于职业教育和职业中心的资源，希望这部分内容能引起大家的重视。充分利用这些资源，避免浪费我们已经支付的高额学费，最大限度地提升留学的价值。

第十七章　加拿大十省 60 所代表性大学
职业教育和职业规划中心简介

一、安大略省 21 所主要大学

1. 多伦多大学 (University of Toronto)

https://www.utoronto.ca/

多伦多大学在其三个校区内都设有职业教育和职业指导中心。在圣乔治校区，有职业探索和教育 (Career Exploration and Education, CxED) 强大团队。他们提供多种项目，包括制作《职业发展电子书汇编》(*The Career Development e-book collection*)、提供专业探索课程 (Job Shadowing Program) 和举办各种职业工作室 (Workshops) 等服务。这些项目帮助学生了解各个行业，与校友和领域内的专家进行交流和探讨。在士嘉堡校区，学生服务中心提供更具体的职业规划服务，如修改简历、面试技巧辅导等。在密西沙加校区，则有校友分享他们的职业故事，每年还举办职业展览 (Career Fair)，学生可透过 Career Centre events 了解不同学校举办的职业讲座、活动等。多伦多大学还拥有一个非常强大的职业导航 (Career Navigator) 系统，非常值得学生关注和利用。通过这些资源，学生可以更好地规划和实现他们的职业目标。

我们都知道，在加拿大通常鼓励学生通过"咖啡机会"与教授或校友交谈。在多伦多大学的职业探索和教育中，有一个非常有意思的活动叫作"一万杯咖啡俱乐部 (U of T Hub on Ten Thousand Coffees)"。这是一个网上交流平台，大约有 12000 个校友和专业人士通过这个平台与学生交流、提供意见。这种方式类似于喝咖啡的方式，以打开话题进行交流，所以被称为"Coffee Chat"或喝咖啡，但实际上是在网上进行的。

多伦多大学职业教育和职业中心：

圣乔治校区：https://studentlife.utoronto.ca/department/career-exploration-education/

士嘉堡校区：https://www.utsc.utoronto.ca/aacc/services-programs-events

密西沙加校区：https://www.utm.utoronto.ca/careers/

2. 滑铁卢大学（University of Waterloo）

https://uwaterloo.ca/

滑铁卢大学职业发展中心（Centre for Career Development）是专门帮助学生制定职业规划的强大机构。其中一项服务是职业中心（Career Hub），供学生使用。它不仅是一个网上指导平台，同时也提供一对一、面对面的辅导。特别值得一提的是，其专门为国际留学生（International students）提供工作探索和指导服务，指导学生如何在加拿大工作，或者在其他国际交流中工作等。滑铁卢大学职业发展中心资源非常丰富，包括 Co-op 项目、校内外实习、义工机会、国际交换生甚至创业等。

滑铁卢大学职业发展中心：https://uwaterloo.ca/career-development/

3. 麦马斯特大学（McMaster University）

https://www.mcmaster.ca/

麦马斯特大学认为，每个人的职业旅程都是不同的；事实上，职业旅程在学生进入麦克马斯特大学之前就开始了，并贯穿学生在大学学习的全过程，无论是课堂内还是课堂外。麦马斯特大学的职业咨询和求职中心（Career Counselling and Job Search）的每一位职业顾问，都乐意同每一位学生合作，帮助他们做出职业、教育和人生决策。由中心的职业顾问团队制作的《职业信息》（*Career Information*）有一定实用价值。因为做出明智的职业决策需要进行研究。在此过程中，你可能会发现某些行业或职位的现实情况与你的期望或假设不同。所以，中心团队推荐一些有价值的信息资源，帮助同学更全面地认识和了解加拿大职业市场。这些资料仅为本校同学使用。

麦马斯特大学职业咨询和求职中心：https://studentsuccess.mcmaster.ca/careers/

4. 女王大学（Queen's University）

https://www.queensu.ca/

女王大学的毕业率一直在加拿大大学中居于前列。作为女王大学的学生可以享受由大学的职业服务中心（Career Services）提供的教育和职业导师（Career Educator & Coach）的专业性服务。每学年学生有三次预约机会，服务包括：讨论你的学位与职业的关系、检讨你的求职信或简历、准备面试以及许多其他与职业相关的主题。导师还为学生提供进一步的教育支持，包括简历和个人陈述策略以及决定考虑哪些研究生课程。

女王大学职业服务中心：https://careers.queensu.ca/

5. 西安大略大学（Western University）

https://www.uwo.ca/

西安大略大学的职业与体验部（Department）由三个部门（Unit）组成：职业教育（Career Education Unit）、劳资关系（Employer Relations Unit）和体验式学习（Experiential Learning Unit），不同机构以独特且相互依赖的方式为学生提供支持。职业教育提供许多实用课程，例如职业巡航（Career Cruising）提供大学和职业发现、自我探索和规划项目，帮助不同年龄段的学生挖掘在职业和生活中的潜力。对于留学生而言，西安大略大学的职业服务中心（Career Services）顾问，可以提供的服务包括对加拿大劳动力市场运作方式的认识和了解，例如寻找新工作时的习俗、期望和流程是什么。职业教练可指导留学生完成求职申请流程的每一步，以便你自信地向加拿大雇主申请求职。

西安大略大学职业服务中心：

https://www.uwo.ca/campus_life/career_services.html

6. 渥太华大学（University of Ottawa）

https://www.uottawa.ca/en

渥太华大学提供关于职业教育的课程，比如地平线职业发展项目（Horizon Career Development Program）。这个项目提供12个职业模式供学生选择学习，让学生可以理解学术和专业的差异。新学生注册职业发展中心服务后，还能享受其他方面课程，包括认识自我、了解职业所需技能、评估当前技能以及了解劳动力市场等方面的内容。此外，学校还提供许多兴趣、能力和职业等测试工具。

渥太华大学职业发展中心（Career Development）：https://www.uottawa.

ca/current-students/career-experiential-learning/career-development

7. 劳里埃大学 (Wilfrid Laurier University)

https://wlu.ca/

劳里埃大学学生中心提供的职业和就业支持 (Career and Employment Support) 服务包含职业简介、行业概况、按专业划分的职业信息和面试信息等方面的内容。

劳里埃大学职业规划与研究 (Career Planning and Research)：https://students.wlu.ca/work-leadership-and-volunteering/career-and-employment-support/career-planning/index.html

8. 约克大学 (York University)

https://www.yorku.ca/

约克大学职业中心 (Career Centre) 有一个非常庞大的团队，由学生、校友、员工、教授和雇主一起运作。不仅服务在校生，还可以为毕业两年内的校友提供职业规划和求职帮助。职业中心提供多种服务，涵盖的范围广泛，帮助学生和校友规划他们的职业道路或找到合适的工作。由于约克大学靠近多伦多，并且校区众多，这为他们的职业服务提供了独特的优势，使学生能够充分利用这一资源来提升职业发展机会。校园内有许多实习和工作机会，这些信息都可以在学校的官方网站上找到。

约克大学职业中心：https://careers.yorku.ca/

9. 多伦多都会大学 (Toronto Metropolitan University)

https://www.torontomu.ca/

多伦多都会大学位于多伦多市中心，地理位置得天独厚。学校将职业中心的服务分为学生成功、合作教育和职业规划三部分，这样的安排非常合理。在学生成功的服务中，职业中心分享了如何成为一个成功的大学生，包括从第一年选课、规划学业到安排实习等方面。学业是四年大学生活中非常重要的一部分，职业中心提供了许多学生的成功故事和经验分享。在职业教育方面，值得大家花时间了解。多伦多都会大学的职业中心编写了两本职业指南 (Career Compass)，一本是《本科职业指南》，另一本是《研究生职业指南》。这些资源为学生提供了详细的职业规划和求职指导，帮助他们在未来的职业道路上取得成功。其中，《本科职业指南》有八十多页，非常实用，书中特别强调了个人品牌（Personal Brand）的重要性，建议学生在职业规划中建立自己的个人品牌，即 Personal Brand。书中还提到如何进行职业搜索（Conduct Your Job Search）。书中建议尽量扩大职业搜索的范围，最大限度地提高求职成功率，分享了互联网时代有效"立体式"做法：网上招聘信息和网上发布求职信息、善用家庭个人等人际网络去求职，以及利用社交媒体平台求职。此外，《本科职业指南》中还有一章专门针对国际留学生的职业规划的建议。因为并不是所有留学生都会留在加拿大工作，如果回国或者回到原居地，那么如何继续利用大学的资源，让在加拿大学习和工作的经历发挥作用，这些建议都非常实用。

多伦多都会大学职业、合作教育和学生成功服务中心（Career, Co-op and Student Success）：https://www.torontomu.ca/career-coop-student-success/

10. 圭尔夫大学（University of Guelph）

https://www.uoguelph.ca/

圭尔夫大学职业服务中心提供了丰富的职业教育和就业指导服务。其中一个特色项目是实验室体验式学习（Experiential Learning Hub），帮助学生通过实际操作和实践来提升职业技能。圭尔夫大学兽医学科非常有名，但除了兽医，矿产地质与食品与农业也同样享有盛誉。在职业教育方面，大学的一个显著特点是定期举办各种招聘会（Job and Career Fairs）。例如，从 2024 年 9 月开始，学校举办了多场高科技招聘会和会计招聘会。此外，附近还有滑铁卢大学、劳里埃大学和一个学院，共同组织了一个名为 P4E（Partners for Employment）的职业介绍会。学校还提前公布了明年冬季即将举行的各类职业信息活动，这对学生规划职业发展非常有帮助。职业服务中心每周还会通过邮件发布职业信息，确保学生能够及时获取最新的就业机会和职业指导信息。

圭尔夫大学体验学习中心（Experiential Learning Hub）：

https://www.uoguelph.ca/experiential-learning/

11. 圭尔夫—汉堡大学（University of Guelph-Humber）

https://www.guelphhumber.ca/

圭尔夫—汉堡大学职业服务中心（Career Services）

https://www.guelphhumber.ca/career

12. 卡尔顿大学 Carleton University

https://carleton.ca/

卡尔顿大学职业辅导中心以其专门为应届毕业生提供建议和准备工作服务而著称。众所周知，毕业那一年对学生来说非常忙碌，许多学生不仅要应付学业，还要忙于毕业和找工作，这常常使他们感到难以应付。卡尔顿大学的就业服务团队在这方面提供了专门的支持和服务，帮助应届毕业生顺利过渡到职场。他们提供多种资源和活动，包括职业咨询、简历和求职信写作指导、面试准备以及求职技巧培训等。这些服务和活动旨在帮助毕业生高效地管理他们的时间和精力，在忙碌的毕业季找到理想的工作。

卡尔顿大学职业服导中心（Career Services）：https://carleton.ca/career/

13. 安大略艺术学院和设计大学（OCAD University）

https://www.ocadu.ca/

安大略艺术学院和设计大学是加拿大皇家银行（RBC）新兴艺术家和设计中心的一部分。学校为毕业生提供一系列就业指导和资源，帮助他们在艺术和设计领域找到职业目标。2024 年 1 月，OCAD 大学举办了一场设计招聘会（Design Career Fair），有加拿大联邦政府和其他公私营机构的 12 个机构参加，旨在帮助学生在自己的专业领域找到合适的工作。通过这种方式，OCAD 大学不仅为学生提供了展示和推销自己才能的平台，还为他们提供了与企业界领袖和潜在雇主直接交流的机会，从而更好地实现职业目标。

OCAD 大学职业发展中心（Career Development）：https://www.ocadu.ca/services/centre-for-emerging-artists-and-designers/career-development

14. 布鲁克大学（Brock University）

https://brocku.ca/

布鲁克大学合作教育、职业教育和体验式教育（Co-op, Career and Experiential Education）团队是一个多元化的专业团队，他们在职业指导/发展、求职策略、面试、招聘/人才招聘、个人品牌和劳动力市场需求/期望方面拥有专业知识。他们的创新和定制课程为学生和毕业生在竞争激烈的就业市场中取得成功做好准备，同时支持雇主满足他们的校园招聘需求。难怪 95% 学生推荐学校的职业教育项目（Annual Reports, 2020—2021）。

布鲁克大学合作教育、职业教育和体验式教育：https://brocku.ca/ccee/career-education/

15. 温莎大学（University of Windsor）

https://www.uwindsor.ca/

温莎大学职业发展和体验中心是学校非常重视的一个部门，尤其强调从一开始就制定完善的职业规划。学校的团队积极主动地帮助学生进行职业规划，包括探索各种职业道路、发展必要的职业技能以及与雇主和用人单位建立专业联系。学校还通过教师和学生的反思与检讨，不断调整和完善职业规划目标，确保学生在职业发展的过程中得到全面的支持和指导。温莎大学提供的服务非常完善。首先，学生可以与职业顾问进行面对面的交流。其次，学校通过职业工作室的方式，帮助学生掌握实际操作技能。最后，学生可以获得来自校友和学长的帮助和支持。此外，学校的体验室学习项目非常丰富，包括实习和启动最初的工作机会。由于温莎大学靠近美国底特律，这使得学校在跨境资源方面具有一定的优势，为学生提供了更多的职业发展机会。

温莎大学职业发展和体验式学习中心（Career Development & Experiential Learning）：https://www.uwindsor.ca/career-development-experiential/771/post-career-opportunity

16. 特伦特大学（Trent University）

https://www.trentu.ca/

特伦特大学的职业空间（Careerspace）学习工具是由大学的职业空间创建的六模块课程，旨在支持学习者进入职场、迈出职业生涯的下一步或厘清从哪里开始整个过程。在此课程中，学生有机会获取他们可能希望在职业发展档案中收集的资源和信息。当这些机会出现时，学校会通知学生。通过将简历、求职信和其他职业导向信息纳入档案，学生将拥有一个随时可用的资源来分享有关自己职业资格的凭据。在学习过程中，学生也有机会获得实用的实践经验。为此，本校的大学承诺所有学生在毕业前都将拥有与职业相关的体验式学习机会，这样，他们就更有自信走向职场。

特伦特大学职业空间：https://www.trentu.ca/careerspace/

17. 安大略理工大学（University of Ontario Institute of Technology）

https://ontariotechu.ca/

安大略理工大学职业教育和职业中心为学生提供个性化的职业指导和发展路径。中心有强大的企业合作网络，提供广泛的实习和合作教育机会。中心还定期举办行业特定的招聘会和职业讲座，帮助学生与雇主建立联系。此外，安大略理工大学注重创新和技术，提供专门的创业支持和资源，鼓励学生创业。

安大略理工大学职业服务中心（Career Centre）：https://studentlife.ontario-techu.ca/current-students/career-readiness/index.php

18. 湖首大学（Lakehead University）

https://www.lakeheadu.ca/

湖首大学职业中心提供个性化的职业咨询和职业规划服务，帮助学生明确职业目标。它还与本地企业紧密合作，提供丰富的实习和就业机会，并定期举办招聘会和职业研讨会，让学生与潜在雇主直接交流，以及为湖首大学学生提供求职访问、Co-op 项目、兼职或毕业生求职提供支持、在线资源等。

湖首大学职业合作教育服务中心（Career Services & Co-op）：https://www.lakeheadu.ca/students/career-development

19. 劳伦森大学（Laurentian University）

https://laurentian.ca/

劳伦森大学职业服务中心（Career Centre）通过提供全面便捷的服务帮助学生培养终身职业管理技能，支持和帮助学生就其职业和就业目标做出明智的决定。该中心还协助雇主从大学招聘学生。Career Centre 具体服务包括招聘信息、校内工作、实习机会、招聘会、职业指导、简历、求职信和面试咨询、就业和职业研讨会等。

劳伦森大学职业服务中心：https://laurentian.ca/support/career-employment-centre

20. 尼皮辛大学（Nipissing University）

https://www.nipissingu.ca/

尼皮辛大学职业发展和教育中心（Career Development and Education）提供个性化职业指导，并通过广泛的企业合作网络提供丰富的实习机会。它还注重创新和技术，提供专门的创业支持和资源，鼓励学生创业。

尼皮辛大学职业发展和教育中心：https://www.nipissingu.ca/departments/student-development-and-services/career-development-and-education

21. 阿尔戈马大学（Algoma University）

https://algomau.ca/

阿尔戈马大学职业服务中心（Career Centre）提供几项特别的服务。首先，他们有"Co-op"合作教育项目，帮助学生在学术期间获得带薪工作机会。其次，提供一对一的职业咨询，协助学生制定职业规划。该中心还举办定期的职业工作坊和招聘会，让学生直接与雇主接触。此外，阿尔戈马大学与当地社区和企业有紧密联系，提供丰富的实习和就业机会，支持学生的职业发展。

阿尔戈马大学职业服务中心：https://algomau.ca/careers/

二、不列颠哥伦比亚省 11 所主要大学

1. 不列颠哥伦比亚大学（University of British Columbia，UBC）

https://www.ubc.ca/

UBC 职业中心（Career Center）有几项独具特色的服务。首先，它的"Work Learn"项目为学生提供校内和社区中的兼职工作机会，这不仅有助于学生减轻经济负担，还能积累实际工作经验。其次，"Employer On-Campus"项目定期邀请各行业的雇主到校园举办招聘会和信息交流会，让学生直接与潜在雇主面对面交流。此外，UBC Career Center 提供的"Career Treks"项目带领学生参观本地企业，深入了解不同行业的运作模式。这些服务在加拿大的大学中独具特色，为学生提供了更多实际的职业探索和发展机会。

UBC 职业中心：https://students.ubc.ca/career-centre

2. 西蒙菲莎大学（Simon Fraser University）

https://www.sfu.ca/

西蒙菲莎大学合作教育、志愿者和职业服务（Co-op，Volunteer & Career Opportunities）中心为学生提供多种服务，帮助他们规划职业发展。中心提供一对一的职业咨询，帮助学生确定职业目标和制订行动计划。其职业资源库包括简历和求职信模板、面试技巧指南以及职业探索工具。中心还组织各类职业发展活动，如招聘会、职业研讨会和公司见面会，为学生提供与行业专家交流的机会。此外，中心设有在线平台，发布实习和工作机会，方便学生申请。西蒙菲莎大学的特色在于其全面的职业支持，致力于帮助学生顺利过渡到职场。

西蒙菲莎大学合作教育、志愿者和职业服务：https://www.sfu.ca/students/career-and-volunteer.html

3. 维多利亚大学（University of Victoria）

https://www.uvic.ca/

维多利亚大学工作和职业服务（Jobs & Career Services）中的合作教育项目为学生提供带薪工作机会，让他们在学习期间积累实战经验。其职业服务中心与本地和国际企业合作紧密，提供丰富的实习和就业机会。此外，通过一对一指导和提供职业资源，维多利亚大学支持学生顺利进入职场。

维多利亚大学合作教育和职业服务：https://www.uvic.ca/coop/coopandcareer/index.php

4. 温哥华岛大学（Vancouver Island University）

https://www.viu.ca/

温哥华岛大学提供个性化职业辅导，帮助学生制订职业计划。学校还与当地企业紧密合作，提供丰富的实习和就业机会，支持学生职业发展。

温哥华岛大学合作教育服务（Co-operative Education）：https://www.viu.ca/programs/cooperative-education

5. 北不列颠哥伦比亚大学（University of Northern British Columbia，UNBC）

https://www2.unbc.ca/

UNBC的职业中心提供个性化职业咨询和工作坊，帮助学生提升求职技能。它还通过Co-op项目与地方企业建立联系，为学生提供独特的实习和就业机会。此外，UNBC的职业中心有一项特色服务，即拥有一个专门为雇主提供信息（Employer information）的平台。这个平台帮助当地和全国的企业在大学里招聘人才，参与招聘会，并举办不同行业的职业介绍会。此外，职业中心还邀请雇主参与新生周活动并提供赞助。这不仅为学生提供了丰富的就业信息，还展示了学校与雇主的紧密合作关系。

UNBC职业中心：https://www.unbc.ca/career-centre

6. 汤普森河大学（Thompson Rivers University）

https://www.tru.ca/

汤普森河大学职业和体验式学习（Career and Experiential Learning）专业

团队提供各种服务和有用资源，希望能将学生的教育与学生想要的职业联系起来。无论你是新生还是校友，该中心都会在每个阶段给予你职业发展以有力的支持。该校推出的一本职业教科书《从大学到职业：创造成功的转变》 (*From University to Career：Creating a Successful Transition*)，它不仅是一本数字教科书，还提供活动、视频、面试指南和志愿者行动计划等内容。作为一种全新的互动职业教育资源，值得推荐给大家阅读。

汤普森河大学职业中心（Career Centre）：https://www.tru.ca/cel/career-services.html

7. 卡皮拉诺大学（Capilano University）

https://www.capilanou.ca/

卡皮拉诺大学职业发展中心（Career Development Centre）通过提供建议、辅导和规划，帮助学生和校友在成长过程中培养自信心、提高适应性和韧性，使他们能够有效地表达自己的优势，并驾驭自己的职业生涯。大学职业发展中心为学生和校友提供实现职业目标所需的技能、工具、资源和自我认知。

卡皮拉诺大学职业发展中心：https://www.capilanou.ca/student-services/career-services/

8. 菲莎谷大学（University of the Fraser Valley）

https://www.ufv.ca/

菲莎谷大学每年3月会举办大型招聘会，11月还举办以教育为主题的职业月（Career Month）。大学投入不少资源帮助学生为发展自己的职业生涯和过渡到劳动力市场做好准备。

菲莎谷大学体验式学习和职业教育中心（Centre for Experiential and Career Education）：https://ufv.ca/jobs/career-services/

9. 昆特仑理工大学（Kwantlen Polytechnic University）

https://www.kpu.ca/

昆特仑理工大学职业发展服务中心除了提供常规的职业规划咨询辅助服务，还积极举办各种招聘活动，例如：贸易与技术招聘会（TRADES & TECHNOLOGY CAREER FAIR）、职业日（KPU Career Day）等。

昆特仑理工大学职业发展服务中心：https://www.kpu.ca/careercentre

10. 艾米莉·卡尔艺术与设计大学（Emily Carr University of Art + Design）

https://www.ecuad.ca/

学生可在在 The Leeway（ECU 为学生和校友提供的在线职业中心）寻找工作、实习、工作综合学习机会，征文、实习机会等，还可以在 The Leeway 找到丰富的资源和指导机会。

艾米莉·卡尔艺术与设计大学职业发展工作综合学习中心（Career Development Work Integrated Learning）：https://www.ecuad.ca/student－life/career-services

11. 不列颠哥伦比亚理工学院（British Columbia Institute of Technology，BCIT）

https://www.bcit.ca/

作为 BC 省最大规模的理工大学，拥有 60 多年的成功办学的历史，其为学生提供的职业服务相当成熟。在学校职业发展服务中心你不仅可以找到校内实习机会，还可以透过 BCIT 电子工作（BCIT eJobs）、BCITSA 就业委员会（BCITSA Job Board）、BCIT 职业机会（Careers at BCIT）和 BCIT 学生会的就业机会（Employment opportunities at the BCIT Student Association）等专属社区，寻找工作的机会。

不列颠哥伦比亚理工学院职业发展服务中心：https://www.bcit.ca/international-students/working-in-canada/career-development/

三、魁北克省 3 所主要英语大学

1. 麦吉尔大学（McGill University）

https://www.mcgill.ca/

myFuture 是麦吉尔大学促进就业机会和职业教育的门户网站。只要是大学学生都可登录进去使用其丰富的资源，包括最新活动信息、在线工具（Online Tools）、职业教育课程、招聘成功视频分享和预约职业导师服务等。

麦吉尔大学职业规划服务中心（Career Planning Services）：https://www.mcgill.ca/caps/

2. 康科迪亚大学（Concordia University）

https://www.concordia.ca/

康科迪亚大学学生成功中心提供未来之路（Future Bound）职业发展服务，为所有学科的学生提供动态活动，学生完成设计好的各项职业规划活动，可以获得相关证书，例如：沟通和数字能力证书（Communication and Digital Capabilities certificate）、创新创业证书（Innovation & Entrepreneurship certificate）、领导力与协作证书（Leadership & Collaboration certificate）、成长与平衡证书（Growth & Balance certificate）、金融知识证书（Financial Literacy certificate）等，以增强学生的求职能力和技巧。

康科迪亚大学职业发展服务中心：https://www.concordia.ca/students/success/futurebound/career.html

3. 主教大学（Bishop's University）

https://www.ubishops.ca/

主教大学学生有机会预约学校职业服务中心（Career Services）团队提供每次 30 分钟的见面咨询服务。

主教大学职业服务中心：https://www.ubishops.ca/student-services/career-and-transition-services/services-for-students/

四、草原三省 12 所主要大学

（一）阿尔伯塔省：

1. 阿尔伯塔大学（University of Alberta）

https://www.ualberta.ca/index.html

阿尔伯塔大学是资源大省艾尔伯塔省最大的大学，其职业教育和服务非常有特色。学校拥有强大的职业教师团队，并且利用丰富的工业资源，为学生提供了大量的就业机会。阿尔伯塔大学的职业服务中心（Career Centre）设有各种职业面试培训项目，并获得了充足的资金赞助。此外，学校提供丰富的实习和 Co-op 机会。中心还设有工作坊，帮助学生提升关键就业技能。职业中心与多家本地和国际企业有紧密合作，定期组织招聘会和行业见面会。

特别值得一提的是，他们的"未来职业教育"（Job Shadow Program）项目，通过专业人士的成功故事，帮助学生积累宝贵经验。该课程既可以在线上进行一对一指导，也可以在线下进行，非常有特色，值得学生参与。

阿尔伯塔大学职业服务中心：https://www.ualberta.ca/career-centre/index.html

2. 卡尔加里大学 (University of Calgary)

https://www.ucalgary.ca/

卡尔加里大学职业发展服务中心（Centre for Career & Personal Development）提供全方位的职业与个人发展教育服务。卡尔加里大学的生活设计中心（Life Design Hub）为大一新生提供了一种独特的学习体验。这个课程帮助学生通过设计思维的方法来规划他们的大学生活和未来职业。特色之一是它注重个人兴趣和目标的探索，帮助学生发现自己真正热爱的领域。课程还包括实用的工作坊和一对一的导师指导，帮助学生制订具体的行动计划。总的来说，这个课程为新生提供了一个有条理、有创意的方式来规划他们的未来。

卡尔加里大学职业发展服务中心：https://www.ucalgary.ca/career-personal-development

3. 阿萨巴斯卡大学 (Athabasca University)

https://www.athabascau.ca/

阿萨巴斯卡大学在教育和职业规划领域，让学生学习评估自己、探索职业选择、规划职业和教育、行动步骤、教育和职业道路测验、预约咨询服务以及获取教育和职业规划资源等。

阿萨巴斯卡大学职业服务中心：https://www.athabascau.ca/support-services/program-and-course-advising/education-and-career-planning/index.html?ss360SearchTerm=Career%20%20services

4. 皇家山大学 (Mount Royal University)

https://www.mtroyal.ca/

从皇家山大学我的职业中心（MyCareer Hub）点击进去，你会发现它所提供的职业研讨会和活动、职业资源及就业和志愿者协会活动等服务。

皇家山大学职业服务中心：https://www.mtroyal.ca/EmploymentCareers/CareerServices/

5. **麦克尤恩大学**（MacEwan University）

https://www.macewan.ca/home/

将职业道路视为一段旅程——从踏入校园的那一刻开始的冒险。像一个真正的冒险家一样，你会被好奇心和热情引领。你培养的特质和一路上获得的经验将为你进入职场做好准备。所以，麦克尤恩大学位于校园 7 号楼 121 室的职业服务中心，欢迎你！

麦克尤恩大学职业服务中心：https://www.macewan.ca/academics/careers-xperience/

6. **阿尔伯塔艺术大学**（Alberta University of the Arts）

https://www.auarts.ca/

阿尔伯塔艺术大学职业服务中心（AUArts Career Services Centre）对学生提供的服务开门见山，包括：①简历：你的目标是什么？你想影响谁？什么样的行业？什么职位？这个职位需要哪些关键技能和经验？②求职信：这个想法不是要取代你的简历。这是为了揭示为什么你是这份工作的最佳候选人，以及是什么让你在那个特定的公司申请这份工作。③面试准备：它将帮助你阐明自己的能力，提高你的自信心和自我认知，为你提供一些在此过程中表现得更好的技巧。④LinkedIn 简介：LinkedIn 是世界上最大的互联网专业网络。准确的个人资料将帮助你找到合适的工作或实习机会，建立联系并加强专业关系，学习在职业生涯中取得成功所需的技能。

阿尔伯塔艺术大学职业服务中心：https://www.auarts.ca/our-campus/current-student-support/auarts-career-services-centre

（二）曼尼托巴省：

1. 曼尼托巴大学（University of Manitoba）

https://umanitoba.ca/

对于专业出路困惑的学生，可以使用曼尼托巴大学的职业指南，对你所学课程的学术和职业规划，有清晰了解。对未来职业方向不确定的学生，你可以通过预约职业顾问，一对一的指导可以提供个性化的职业规划建议。简历中心也提供了宝贵的帮助，帮助学生准备和优化他们的求职材料。此外，通过校友和职业雇主的网络，学生可以建立有价值的人脉，了解行业需求和就业机会。曼尼托巴作为农业大省，确实需要大量的劳动力，特别是在农业和相关领域。这些资源的利用可以帮助学生更好地规划他们的职业道路，并在劳动力市场中占得先机。

曼尼托巴大学职业服务中心：https://www.umanitoba.ca/career-services/

2. 温尼伯大学（The University of Winnipeg）

https://www.uwinnipeg.ca/

温尼伯大学的职业中心（Career services）提供多种服务，包括职业咨询、简历和求职信的帮助、面试准备以及职业规划工作坊。学生可以预约与职业顾问进行一对一的咨询；参加职业博览会，与潜在雇主见面；还可以利用校友网络获取职业建议。中心还提供在线资源，方便学生随时查阅。这样的服务对明确职业方向和做好求职准备都很有帮助。

温尼伯大学职业服务中心：https://www.uwinnipeg.ca/career-services/

3. 布兰登大学（BRANDON UNIVERSITY）

https://www.brandonu.ca/

布兰登大学规模虽小，却重视学生职业规划，其职业咨询（Career Counselling）和职业规划与安置服务（Career Planning and Placement），为学生求职提供了重要的帮助。

布兰登大学职业规划与安置职业服务中心（Career services）：https://www.brandonu.ca/student-services/careers/

（三）萨斯喀彻温省：

1. 萨斯喀彻温大学（University of Saskatchewan）

https://www.usask.ca/

萨斯喀彻温大学以其农业和生物资源、工程、环境科学和兽医学等学科闻名。该校在水资源研究、全球食品安全和疫苗研究等领域也有很高的国际声誉。萨斯喀彻温大学的职业服务中心提供全面的职业规划和就业支持。其独特之处在于其农业和与生物资源相关的合作教育项目和实习机会，使学生可以在相关行业获得实践经验。职业服务中心还提供一对一的职业咨询、简历和求职信指导、面试准备和职业发展工作坊。此外，学校与许多本地和国际企业有紧密合作，为学生提供丰富的实习和就业机会。

萨斯喀彻温大学职业服务中心：https://students. usask. ca/jobs/career-services.php

2. 里贾纳大学（University of Regina）

https://www.uregina.ca/

里贾纳大学在工程、计算机科学、商科、社会工作和环境科学等领域具有强大的学术实力。学校强调跨学科教育，促进学生在多个领域发展。大学的职业服务中心提供个性化的职业咨询和指导，帮助学生制定职业规划和求职策略。中心组织职业博览会、招聘活动和工作坊，帮助学生与雇主建立联系。通过 Co-op，学生可以在学期间获得实际工作经验，增强就业竞争力。

里贾纳大学体验和服务学习中心（Centre for Experiential and Service Learning）：https://www.uregina.ca/cesl/

3. 加拿大第一民族大学（The First Nations University of Canada）

https://www.fnuniv.ca/

加拿大第一民族大学专注原住民学生的高等教育，提供包括原住民研究、健康科学、教育和环境科学在内的课程，注重文化传承和社区服务。该校的职业服务中心专注于原住民学生的职业发展，提供定制化的职业咨询、就业准备指导和实习机会。通过与原住民社区和组织的紧密联系，职业服务中心为学生提供独特的就业和职业发展资源，支持学生在原住民社区和更广泛社会中获得职业成功。

加拿大第一民族大学职业服务中心：https://www.fnuniv.ca/careers/

五、大西洋海岸四省 13 所主要大学

（一）爱德华王子岛省：

爱德华王子岛大学（University of Prince Edward Island）

https://www.upei.ca

爱德华王子岛大学作为王子岛上唯一的大学，确实有其独特之处。它的专业设置涵盖了多个领域，包括海洋科学、环境研究、农业和可持续发展等，这些都与当地资源和产业紧密相关。职业服务中心提供全面的支持，包括职

业咨询、实习和合作教育机会、简历和求职信指导，以及面试技巧培训。学生可以通过该中心接触本地和国际雇主，参与各种职业博览会和招聘活动。此外，职业服务中心还会组织工作坊和网络活动，帮助学生建立职业人脉，提升就业能力，进而使学生在毕业后更容易找到适合自己的职业道路。

爱德华王子岛大学职业服务中心：https://www.upei.ca/exed/students/career-services

（二）纽芬兰与拉布拉多位省：

纽芬兰纪念大学（Memorial University）

https://www.mun.ca

纽芬兰纪念大学是该省唯一的大学，具有独特的专业设置和职业服务特色。该校以海洋学、地质学、工程学、环境科学等专业著称，充分利用了其沿海和自然资源丰富的地理优势。在职业服务和教育方面，纽芬兰纪念大学提供全面的支持。职业服务中心为学生提供职业咨询、简历和求职信指导、面试技巧培训等基本服务。其独特之处在于，拥有许多与当地企业和政府机构的合作项目，提供大量的实习和合作教育机会。学校还组织各种职业博览会和招聘活动，帮助学生直接与雇主接触。此外，纽芬兰纪念大学重视国际合作和跨学科研究，学生可以参与全球项目和研究，拓宽国际视野和职业选择。这些都使纽芬兰-拉布拉多纪念大学在职业教育和服务方面具有独特的优势，帮助学生更好地进入就业市场。

纽芬兰纪念大学职业服务中心：https://www.mun.ca/student/career-services/

（三）新不伦瑞克省：

1. 新不伦瑞克大学（University of New Brunswick）

https://www.unb.ca

新不伦瑞克大学有两个主要校区，分别位于弗雷德里克顿和圣约翰。它的特色专业包括工程学、计算机科学、商业管理、健康科学和林业等领域。这些专业不仅在加拿大国内享有声誉，在国际上也具有一定的影响力。在职业发展和就业服务方面，新不伦瑞克大学提供全面的支持，包括职业咨询、简历和求职信指导、面试准备、职业规划工作坊以及职业博览会。特别之处在于，其 Co-op 和实习项目与当地和国际企业合作，为学生提供实际的工作经验和就业机会。学校还拥有强大的校友网络和行业联系，帮助学生建立职业人脉。此外，学校的两个校区各有侧重，弗雷德里克顿校区以工程和技术类学科著称，圣约翰校区则以商业和健康科学为特色。无论在哪个校区，学生都能获得个性化的职业指导和支持，帮助他们在毕业后顺利进入职场。

新不伦瑞克大学职业发展和就业服务（Career Development & Employment Services）：https://www.unb.ca/sas/employment/index.html

2. 圣托马斯大学（St. Thomas University）

https://stu.ca/

圣托马斯大学位于新不伦瑞克省弗雷德里克顿，以文科教育闻名，特别是在社会科学、人文学科和教育学方面有很强的优势。它的小班教学和以学生为中心的教学方法使学生能够获得个性化的关注和支持。一个独特之处是，圣托马斯大学更注重人文社科专业的职业发展，提供专门的实习机会。在职业发展和就业服务方面，圣托马斯大学提供了广泛的资源和支持。学校不仅关注学生的专业学习，还强调职业规划和发展。以下是圣托马斯大学职业发展服务的一些特点：从第一年开始，学校鼓励学生与职业服务中心建立紧密联系，规划自己的职业道路。职业服务中心提供全面的支持，包括简历准备、求职策略、读研准备等服务。学校定期举办招聘会，帮助学生与潜在雇主见面，并提供面试准备指导。校内还有实习机会，帮助学生积累实际工作经验。此外，职业服务中心提供一对一的职业规划咨询，确保每个学生都能得到个性化的支持。这种全面而持续的职业发展支持，帮助学生在大学期间和毕业后都能有一个清晰的职业发展方向和路径。

圣托马斯大学职业服务中心：https://www.stu.ca/careerdevelopment/

3. 蒙特爱立森大学（Mount Allison University）

www.mta.ca

蒙特爱立森大学确实在职业辅导和服务方面有着自己的特色，特别是在创业方面。学校的创业思维孵化器（Venture Space MtA）由 TD 银行支持，为学生开发、催化和测试社会与商业创业理念提供支持。这些理念可以推向市场或服务社区。这个计划由体验学习和职业办公室监督，鼓励学生大胆创业、勇于尝试，并利用社会资源实现创业梦想。这不仅为学生提供了宝贵的实践经验，还增强了他们的创新和问题解决能力。通过这种全面的支持体系，蒙特爱立森大学帮助学生在职业规划和创业过程中获得实质性的指导，使他们在毕业后能够更加自信地走向社会，追求自己的事业和梦想。这种创业导向的职业服务无疑是该校的一大亮点。

蒙特爱立森大学职业服务中心：https://mta.ca/current-students/experiences-and-career

（四）新斯科舍省：

1. 戴尔豪斯大学（Dalhousie University）

https://www.dal.ca/

戴尔豪斯大学是海洋四省最著名的大学之一，其教学和科研领域在加拿大也具有重要地位。该校特别突出的专业包括海洋科学、环境研究、生物技术和可持续发展等领域，这些专业充分地利用了当地丰富的自然资源和地理优势。在职业服务中心方面，大学也有许多独特之处。职业服务中心利用学校的学科优势和地理优势，为学生提供量身定制的职业指导和支持。包括：①行业连接：学校与当地和国际的海洋研究机构、环境保护组织和生物技术公司有密切的合作关系，为学生提供实习和就业机会。②专业导师：职业服务中心邀请行业专家和校友担任导师，提供一对一的职业指导和行业见解，帮助学生规划职业道路。③实地项目：利用地理优势，学校组织学生参与海洋和环境保护的实地项目和研究，为学生提供宝贵的实践经验。④职业工作坊和招聘会：定期举办职业工作坊和招聘会，让学生有机会与潜在雇主直接接触，了解最新的行业趋势和就业机会。这些服务和资源的结合，使学生在职业规划和就业准备方面能够充分利用学校的优势和资源，为未来的职业发展打下坚实的基础。

戴尔豪斯大学职业服务中心：https://www.dal.ca/campus_life/career-and-leadership/job-resources-services.html

2. 国王书院大学（University of King's College）

https://ukings.ca/

国王书院大学与戴尔豪斯大学紧密合作，学生通常可以利用戴尔豪斯大学强大的职业服务资源。这种合作关系使国王书院大学的学生能够享受到戴尔豪斯大学全面而专业的职业指导和服务，包括职业咨询、简历和求职信的帮助、面试准备、实习和合作教育机会等。尽管国王书院大学本身规模较小，但这种合作使学生能够获得与大型综合性大学相同的资源和机会。此外，国王书院大学的特色在于其强大的文科教育，特别是新闻学和人文学科，因此其职业服务中心也特别关注这些领域的职业发展，为学生提供相关的职业指导和资源。国王书院大学的学生可以充分利用戴尔豪斯大学的职业服务中心，享受全面的职业支持，同时也能从国王书院大学的文科教育特色中受益。

戴尔豪斯大学职业服务中心（共用）：https://www.dal.ca/campus_life/career-and-leadership/job-resources-services.html

3. 圣弗朗西斯泽维尔大学（St. Francis Xavier University）

https://www.stfx.ca/

圣弗朗西斯泽维尔大学的专业特色在于其强大的本科教育，尤其是文科、科学、商科和教育学。该校以小班教学和注重学生个人发展的教育理念著称。在职业服务中心方面，大学提供全面的职业指导，包括职业咨询、简历和求职信帮助、面试准备、实习和合作教育机会，以及各种职业规划工作坊和招聘活动。

圣弗朗西斯泽维尔大学学生就业中心（Student Career Centre）：https://www.stfx.ca/student-services/support-services/student-career-centre

4. 圣文森特山大学（Mount Saint Vincent University）

https://www.msvu.ca/

该校以其强大的文科和职业教育课程而闻名，特别是在教育、家庭研究、公共关系、应用人类营养学和商科等领域。大学职业服务中心提供个性化职业咨询、实习和合作教育机会、简历和求职信指导、面试准备指导，以及定期举办职业工作坊和招聘会。学生还可以利用校友网络获取职业指导和就业机会。

圣文森特山大学职业服务中心：https://www.msvu.ca/campus-life/career-services/

5. 圣玛丽大学（Saint Mary's University）

https://smu.ca/

圣玛丽大学以商科闻名，特别是在会计、金融、市场营销和国际商务等领域享有盛誉。该校的职业服务中心非常注重商科学生的职业发展，提供专门的职业咨询、职业规划工作坊、企业见面会和招聘活动。职业服务中心与许多企业和商业机构有密切合作，为学生提供实习和就业机会。留学生们要熟习大学专门设计的 SMU 12twenty，这是一个职业服务平台，旨在连接学生、雇主和校园合作伙伴，为职业发展和招聘机会创建一个网络。

圣玛丽大学职业服务中心：https://www.smu.edu/admission/academics/supportresources/careercenter

6. 阿卡迪亚大学（Acadia University）

https://www2.acadiau.ca/home.html

阿卡迪亚大学以其卓越的本科教育和强大的理科、商科、文科和教育学科著称。该校位于新斯科舍省，因其地理优势，在环境科学和农业科学方面有突出表现。阿卡迪亚大学的职业服务中心提供全面的职业支持，包括职业咨询、简历和求职信指导、面试准备指导、实习和合作教育机会。特别之处在于，其充分利用学校的学科优势和地理位置，为学生提供在当地农业、环境保护和科技企业实习和就业机会。

阿卡迪亚大学职业服务中心：https://careerservices.acadiau.ca/welcome.html

7. 诺瓦艺术与设计大学（NSCAD University）

https://nscad.ca/

诺瓦艺术与设计大学以其卓越的艺术和设计专业著称。该校提供绘画、雕塑、媒体艺术、平面设计和纺织品等多个领域的课程。大学的职业服务中心专注艺术与设计领域的职业发展，提供艺术家作品集准备、职业咨询、实习和展览机会，并与创意产业的企业和组织建立合作关系，帮助学生在艺术领域找到工作机会。

诺瓦艺术与设计大学职业服务中心：https://nscad.ca/student-experience/career-services/

8. 卡普顿大学（Cape Breton University）

https://www.cbu.ca/

卡普顿大学以其社区发展、环境科学、商科和健康科学等专业特色著称。该校充分利用其独特的地理位置，强调可持续发展和社区参与。卡普顿大学虽然规模较小，但已有 50 年的历史。该校的职业规划服务非常全面，专门设有负责学生发展的专业教师和职业招聘教师。这样的分工让学生可以找到专门的指导教师进行辅导。Co-op 和实验性学习项目是其职业服务的一大特色。学校提供工学结合（work-study）项目，让学生在学习期间获得实际工作经验。特别之处在于，该中心利用当地社区和环境资源，为学生提供独特的实习和就业机会。

卡普顿大学职业服务中心：https://www.cbu.ca/current-students/career-services/mycareer/

第十八章　加拿大十省政府求职、就业和职业培训服务中心资源

一、各省就业和职业服务信息资源

1. 安大略省（Ontario）

Ontario. ca-Employment and Job Services：

简介：安大略省政府提供的就业和职业服务资源，包括求职、职业培训和就业支持。链接：https://www.ontario.ca/page/employment-ontario

2. 魁北克省（Quebec）

Emploi Québec：

简介：魁北克省的就业服务平台，提供求职、职业培训和就业支持服务。链接：https://www.quebec.ca/emploi/trouver-emploi-stage/consulter-offres-emplois

3. 不列颠哥伦比亚省（British Columbia）

WorkBC：

简介：不列颠哥伦比亚省政府提供的就业和职业资源平台，包括求职、职业培训和就业市场信息。链接：https://www.workbc.ca/

4. 阿尔伯塔省（Alberta）

Alberta Learning Information Service（ALIS）：

简介：阿尔伯塔省的职业规划和教育资源平台，提供职业信息、求职支持和教育资源。链接：https://alis.alberta.ca/occinfo/alberta-job-postings/

5. 曼尼托巴省（Manitoba）

Manitoba Start：

简介：曼尼托巴省的职业服务和就业支持平台，特别为新移民提供帮助。
链接：https://manitobastart.com/

6. 萨斯喀彻温省（Saskatchewan）

SaskJobs：

简介：萨斯喀彻温省的求职和就业平台，提供职位搜索和职业资源。链接：https://www.saskjobs.ca/

7. 新不伦瑞克省（New Brunswick）

WorkingNB：

简介：新不伦瑞克省政府的就业支持和职业服务平台，提供求职和职业发展资源。链接：https://www.nbjobs.ca/

8. 新斯科舍省（Nova Scotia）

Nova Scotia Works：

简介：新斯科舍省的就业服务网络，提供求职、职业培训和就业支持。链接：https://beta.novascotia.ca/

9. 爱德华王子岛省（Prince Edward Island）

WorkPEI：

简介：爱德华王子岛省的求职和就业资源平台，提供职位搜索和职业支持。链接：https://workpei.ca/

10. 纽芬兰与拉布拉多省（Newfoundland and Labrador）

Newfoundland and Labrador Job Bank：

简介：纽芬兰与拉布拉多省的求职平台，提供职位搜索和就业支持。链接：https://www.nl.jobbank.gc.ca/browsejobs/province/NL

二、加拿大主要求职平台的链接

1. Job Bank

简介：加拿大政府官方求职平台，提供全国范围的职位信息、职业资源和就业支持。链接：https://www.jobbank.gc.ca/home

2. LinkedIn

简介：全球最大的职业社交平台，帮助用户建立职业网络，寻找工作机会，并展示专业形象。链接：https://www.linkedin.com/company/linkedin/jobs/

3. Glassdoor

简介：提供公司评价、薪资报告和面试信息，帮助求职者了解潜在雇主和找到合适的职位。链接：https://www.glassdoor.ca/index.htm

4. Monster Canada

简介：一个历史悠久的求职平台，提供各种职业的职位信息和职业建议。链接：https://www.monster.ca/

5. Workopolis

简介：加拿大本地的求职平台，提供丰富的职位信息和职业资源，支持求职者找到本地工作机会。链接：https://www.workopolis.com/

6. CareerBuilder Canada

简介：提供职位搜索、职业建议和职业规划工具，帮助求职者在加拿大找到合适的工作。链接：https://www.careerbuilder.ca/

7. Eluta

简介：加拿大的招聘平台，专注于展示由直接雇主发布的职位信息。链接：https://www.eluta.ca/

8. SimplyHired

简介：一个简单易用的求职平台，汇集了大量的职位信息，适用于各种职业和行业。链接：https://www.simplyhired.ca/

9. TalentEgg

简介：专为加拿大学生和新毕业生设立的职业门户网站，提供实习和入门级职位机会。链接：https://talentegg.ca/

10. Jobshark

简介：提供各种职业和行业的职位信息，是加拿大历史较长的求职平台之一。链接：https://www.jobshark.com/ca/en/find-jobs-in-canada/

11. Toronto Jobs Career Fair

简介：职业博览会和招聘会，一年多次举办的招聘会，提供与招聘人员面对面交流的机会。链接：https://www.toronto.ca/community-people/employment-social-support/employment-support/employment-related-events/job-fair-tips/

12. Volunteer Canada

简介：寻找志愿者机会，积累经验和技能，扩大职业网络。链接：https://volunteer.ca/about/

13. Internship Programs：

简介：通过不同的实习计划平台寻找实习机会，链接：https://ca.indeed.com/q-internship-jobs.html?vjk=fbc283578209c03b

14. Jooble

简介：在加拿大工作职位可按城市搜索，有 20 多个加拿大地区可供搜索，链接：https://ca.jooble.org/

第十九章　加拿大职业的专业认证

一、加拿大十大专业职业的认证

1. 会计与金融

• 注册会计师（CPA）：

简介：CPA 是加拿大最受认可的会计认证，代表了最高的专业会计标准。

要求：完成 CPA PEP（专业教育计划）、通过统一 CPA 考试和满足相关的工作经验要求。

链接：https://www.cpacanada.ca/

• 特许金融分析师（CFA）：

简介：CFA 认证是全球金融分析领域的黄金标准，适用于投资管理和金融分析专业人士。

要求：通过三个级别的考试，并具备相关的工作经验。

链接：https://www.cfainstitute.org/

2. 工程与技术

• 职业工程师（P. Eng.）：

简介：P. Eng. 认证是加拿大工程师的专业资格，表示持证人具备从事工程工作的合法资质。

要求：通过工程教育认证、具有工作经验和通过伦理考试。

链接：https://engineerscanada.ca/

• 信息系统专业人员（ISP）：

简介：ISP 认证是信息技术领域的专业资格，证明持证人具有信息系统管理的高水平技能。

要求：通过信息技术相关的教育和经验要求，以及通过 ISP 认证考试。

链接：https://cips.ca/

3. 健康与医疗

- 注册护士（RN）：

简介：RN 认证是加拿大护士的基本专业资格，表示持证人具备提供护理服务的能力。

要求：通过认证的护理教育项目和国家考试。

链接：https://www.cna-aiic.ca/home

- 药剂师（Pharmacist）：

简介：药剂师认证是加拿大药剂师的专业资格，允许持证人合法从事药品管理和患者护理工作。

要求：完成药剂学学位、实习和通过药剂师资格考试。

链接：https://www.napra.ca/

4. 项目管理

- 项目管理专业人士（PMP）：

简介：PMP 认证是全球认可的项目管理资格，表示持证人具备高级项目管理技能。

要求：完成项目管理教育和经验要求，并通过 PMP 认证考试。

链接：https://www.pmi.org/

- 敏捷认证从业者（ACP）：

简介：ACP 认证表明持证人掌握敏捷项目管理方法，适用于在快速变化环境中工作的项目经理。

要求：通过敏捷项目管理课程和考试。

链接：https://www.pmi.org/

5. 人力资源

- 认证人力资源专家（CHRP）：

简介：CHRP 认证是加拿大人力资源专业的基础资格，表示持证人具备基础的人力资源管理技能。

要求：完成指定的 HR 课程、通过 CHRP 知识考试和符合道德标准。

链接：https://cphr.ca/

• 高级认证人力资源专家（CHRL）：

简介：CHRL认证表示持证人具备高级人力资源管理技能和战略领导能力。

要求：完成高级HR课程、通过CHRL知识和专业能力考试。

链接：https://cphr.ca/

6. 法律

• 律师（Barrister and Solicitor）：

简介：在加拿大，从事法律职业需要通过各省的律师协会认证，完成法律教育。

要求：通过法学院课程、通过律师资格考试并完成实习。

链接：https://flsc.ca/

• 公证人（Notary Public）：

简介：公证人是经过认证的法律专业人士，可以处理法律文件的认证和见证事务。

要求：完成指定的公证课程和认证程序。

链接：https://snpbc.ca/

7. 教育

• 认证教师（Certified Teacher）：

简介：在加拿大成为教师需要通过各省的教师认证，完成教育学位并通过教师资格考试。

要求：完成教育学位、通过教师资格考试并满足实习要求。

链接：https://www.ctf-fce.ca/

• 教育管理专业人士（Certified Education Administrator）：

简介：这一认证适用于从事学校和教育机构管理的专业人士，提升他们的管理和领导技能。

要求：完成教育管理相关课程和工作经验要求。

链接：https://www.ctf-fce.ca/

8. 营销与传播

• 专业营销人员（PCM）：

简介：PCM 认证由美国营销协会（AMA）提供，适用于加拿大的营销专业人士，证明其具备高水平的营销技能。

要求：通过 PCM 认证考试并完成持续教育要求。

链接：https://www.ama.org/

- 数字营销认证（Digital Marketing Certificate）：

简介：这一认证涵盖了数字营销的核心领域，如 SEO、SEM、社交媒体和内容营销，适合希望提升数字营销技能的专业人士。

要求：完成相关课程并通过考试。

链接：https://digitalmarketinginstitute.com/

9. 建筑与施工

- 认证建筑师（Architect AIBC）：

简介：在不列颠哥伦比亚省成为认证建筑师需要通过 AIBC 认证，包括完成建筑学学位、实习和通过认证考试。

要求：通过建筑学教育和经验要求，以及通过认证考试。

链接：https://raic.org/

- 认证施工经理（CCM）：

简介：CCM 认证适用于施工管理领域的专业人士，证明其具备高水平的施工项目管理能力。

要求：完成相关的教育和经验要求，并通过 CCM 认证考试。

链接：https://www.cca-acc.com/

10. 信息技术

专业认证：

- 认证信息系统安全专业人员（CISSP）：

简介：CISSP 认证是全球公认的信息系统安全资格，证明持证人具备高级的信息安全技能。

要求：通过 CISSP 认证考试并具备相关的工作经验。

链接：ISC^2，https://www.isc2.org/

- AWS 认证解决方案架构师（AWS Certified Solutions Architect）：

简介：AWS 认证解决方案架构师认证证明持证人具备设计和部署 AWS 云系统的高级技能。

要求：通过 AWS 认证考试并具备相关的云计算经验。

链接：https://aws.amazon.com/cn/certification/

专业机构和协会：

• 加拿大信息处理协会（CIPS）：

简介：支持和代表加拿大的信息技术专业人士，提供认证、教育和政策倡导。

链接：https://www.cips.ca/

• 加拿大网络安全协会（ISACA Canada）：

简介：支持加拿大的网络安全和信息系统审计专业人士，提供认证和职业发展资源。

链接：https://engage.isaca.org/torontochapter/home

加拿大政府网站上有关于网络安全领域的认证（Certifications in the field of cyber security）详细介绍，见链接：https://www.cyber.gc.ca/en/guidance/certifications-field-cyber-security

• IT 项目管理协会（PMI IT & Telecom Community of Practice）：

简介：支持从事 IT 和电信行业的项目管理专业人士，提供网络和职业发展机会。

IT 项目管理协会链接：https://www.pmi.org/

二、安大略省六大专业认证机构和专业协会

加拿大的各省和地区有各自独立的认证机构和专业协会，它们负责在本省内管理和认证各个职业领域的从业资格。以下是加拿大各省主要的认证机构和专业协会，这些机构在帮助专业人士获得认证、继续教育和职业发展方面发挥着关键作用。

例如，安大略省（Ontario）：

1. 安大略省律师协会（Law Society of Ontario-LSO），监管和认证安大略省的律师和法律从业人员，确保他们遵守职业道德和专业标准。

链接：https://lso.ca/home

2. 安大略省工程师协会（Professional Engineers Ontario-PEO），管理和认

证安大略省的职业工程师，提供持续教育和专业发展支持。

链接：https://www.peo.on.ca/

3. 安大略省教师学院（Ontario College of Teachers-OCT），负责认证和监管安大略省的教师，确保他们具备高水平的教学技能和专业素养。

链接：https://www.oct.ca/

4. 安大略省注册护士协会（College of Nurses of Ontario-CNO），认证和监管安大略省的注册护士和护理从业人员，促进高质量的护理服务。

链接：https://www.cno.org/

5. 安大略省建筑师协会（Ontario Association of Architects-OAA），认证和支持安大略省的建筑师，提供职业发展和行业标准支持。

链接：https://oaa.on.ca/

6. 安大略省会计师协会（Chartered Professional Accountants of Ontario-CPA Ontario），认证和支持安大略省的注册会计师，提供继续教育和职业发展资源。

链接：https://www.cpaontario.ca/

第二十章　职业兴趣评估主要工具

- Myers-Briggs Type Indicator（MBTI）：

简介：MBTI 是一种广泛使用的心理评估工具，帮助个人了解自己的性格类型和职业兴趣。

链接：https://www.myersbriggs.org/my-mbti-personality-type/home.htm?bhcp=1

- Holland Code（RIASEC）Test：

简介：Holland Code 根据个人的兴趣将职业分为六种类型，帮助找到合适的职业方向。

链接：https://openpsychometrics.org/tests/RIASEC/

- Career Key：

简介：基于 Holland Code 理论的职业评估工具，帮助个人找到与兴趣相匹配的职业。

链接：https://www.careerkey.org/career-tests/take-career-test-career-assessment

- Career Cruising：

简介：加拿大著名的职业规划平台，提供职业兴趣评估和详细的职业信息。

链接：https://public.careercruising.com/en/

- WorkBC Career Compass：

简介：由不列颠哥伦比亚省政府提供的职业兴趣评估工具，帮助用户发现适合的职业路径。

链接：https://careerdiscoveryquizzes.workbc.ca/

结　语

本书稿刚递交给中国商务出版社编辑李自满的时候，我收到了加拿大国家电视台多元文化频道（OMNI TV）的采访邀请。应我的要求，采访是在多伦多中文书城进行的。中文书城多年来展销我所写的书，一直在支持着我。主播杨捷是毕业于 BC 省维多利亚大学教育系的研究生，我们对加拿大教育有着共同的话题。其中之一是现在的小留学生和过去有何不同？

过去十年间，我观察发现小留学生发生了显著变化。首先，现在的小留学生语言能力显著提高，他们在出国前往往已经接受了良好的英语教育。其次，这一代留学生和他们的家长通常有更明确的教育和职业规划，出国留学不再仅仅是为了逃避国内的高考压力。最后，互联网的普及使他们在选择学校和课程方面更容易获得信息和自主权，更能适应多元文化环境，具备更强的跨文化交流能力。

在写这本书的过程中，有三个特别的故事让我印象深刻。第一个故事的主角是一位非常成功的父亲，他以前是北京一所著名学府工程专业的毕业生，但他不希望自己的孩子也读工程专业。他希望孩子能遵从内心的想法，选择自己喜欢的专业，而不是工程。这类家长不是在孩子身上寻找补偿，而是有步骤地从孩子的兴趣、能力和强项出发进行规划，最终让孩子在申请大学时选择了真正热爱的专业。第二个故事的主角是一对有超前意识的父母，他们更加关注多学科、跨学科的教育模式，特别支持孩子选择 UBC 的文理学位。他们已经为孩子规划好了未来几年的学业路线，并在背后默默提供指导和支持。这类家长通过不断学习，为孩子提供专业且有根据的建议。第三个故事展示了现在的孩子有很多自己的想法。一开始想读医学的孩子，后来发现读医学帮不了太多人，于是转而决定读法律。我们一起帮助孩子不断求证这些问题，并从 AI 的伦理和法律角度进行研究，最终确认孩子的选择是正确的，并鼓励孩子利用暑假做义工的机会，进一步搭建自己通往法律专业的道路。

现在能够把孩子送出国留学的父母及其孩子都发生了很大变化。由于国际学校稳步发展，现在的学生在语言能力上表现得非常出色，这与十多年前有所不同。互联网的普及也让这些孩子和父母更加理性，出国留学更多的是出于早有规划，而非逃避高考或中考。这些父母大多是"70后"，拥有成功的事业和财力，对孩子的期望也非常明确。因此，在加拿大进行类似高考志愿填报指导和升学辅导时，我感到很有满足感，因为这些父母具备了专业选择和职业规划的常识。

当然，仍有一些留学家庭面对不同文化、体系和社会下的加拿大留学的挑战。例如，在家长询问专业方向和职业出路时，他们常常把几个概念混在一起。其实，他们内心真正关心的是就业机会，而不是具体学什么或将来做什么。因此，我在书中更多地讨论了如何了解就业前景，特别是在加拿大。就业机会和专业出路、热门专业是不同的概念，家长们需要明白这一点，并在不同阶段做好相应的规划。例如，在与留学生家长打交道时，我常常遇到家长对热门专业的误解。其实，热门专业并不等于将来一定有大量的就业机会。热门专业可能随着市场的变化而变得难以找到工作。我记得有一年在做讲座时，特别提到了生物化学，这在加拿大是热门专业，但在国内却不是。另一个误区是家长常认为教育是一种投入，有投入就要有产出。虽然留学确实需要不少投入，但短期内的回报未必很高。留学教育的价值更多体现在人生经历上，这是无价之宝。因此，家长应该放眼长远，而不是只关注短期的回报，否则会有心理不平衡的情况。又如，有些家长认为专业对口对移民有帮助，但其实专业对不对口因人而异。当中孩子的兴趣、能力十分重要。

本书花了不少篇幅讨论加拿大专业出路。专业出路之所以难以捉摸，有几个主要原因。首先，学校教育与社会需求之间存在距离，教育具有滞后性。把社会的需求转化为理论并在教育中应用，这个过程需要时间。如果教育仓促地跟随社会现象，而没有经过深入的研究和沉淀，就不能形成一个稳固的学科体系。大学与职业培训场所不同，这种现实与理想的距离使得书本知识与现实之间存在一定差距。其次，专业相对稳定，而职业是变动的，竞争性也更强。选择专业相对容易，但择业难度更大，因为职业竞争激烈，环境变化多端。学校是一个相对封闭的小社会，而大社会中的竞争和选择更为复杂。最后，环境的改变，这对所有的留学家庭都是一个全新的挑战。

当然，了解专业出路虽然重要，但我们不应过于固执。因为社会环境和个人能力的变化，即使专业出路不明朗，但如果孩子能力强，他们依然能有所突破。学霸成为求职高手，学术上的成功直接转化为职业上的成功，离不开职业规划。加上加拿大大学选择自由、灵活，转专业乃至换学校并非难事。在加拿大的学习过程中，除了学术上的训练，培养社交能力和领导能力也至关重要。很多时候，学习不仅是个人的事情，还包括小组讨论等，这些活动训练了你的社交和领导能力，这些都是在未来职场中非常重要的素质。正如加拿大著名的职业规划机构 iDC 创办人 Sherry 老师在我的《加拿大研究生申请指南》一书里对留学生说的掏心话："在加拿大，推荐和人脉非常重要，比学位和文凭更能影响就业机会。"因此，从中学开始规划，在大学时用心学习，不仅是为了学术上的知识，更是为了培养自己的能力。这些能力将在未来的工作中伴随你，帮助你在不同的岗位上发挥作用。

在写这本书的过程中，有句格言老是在我脑海里浮现，那就是《传道书》里的一句话："日光之下无新事。"这句话的意思很明朗，就是说在造物主的眼中，我们现在探讨的一些事情，其实都有所安排，只是我们没有敬畏的心去发现和理解。历史是会重复的。我记得在 2008 年金融风暴之后，当时我还在国内，也遇到了很严重的就业难题。在出版社同学的鼓励下，我写了一本叫《加拿大打工宝典》的书（花城出版社，2009 年），记录了我在加拿大打工四年的经历。这本书出版后，引起不少人关注。我的两个母校——暨南大学和中山大学都邀请我回去做讲座，主题围绕如何在大学准备职业规划。我特别讲到了在这四年中所学到的打工经验，这些是书本上学不到的。大学虽然训练了终身学习的能力，但更重要的是离开学校后，生活教会了我们什么、我们领悟到什么。我们常常以为自己可以掌握人生的出路，纠结于专业出路和就业机会，但实际上命运早有安排。造物主给了我们选择的自由，但如果我们不明白，就容易误以为自己很厉害。移民之后，我才真正明白保持敬畏和谦卑的心态的重要性。在两所母校的分享中，我引用《圣经》中"保守你的心，胜过保守一切"这句话。人其实很渺小，如果能够保持敬畏和感激的心态，就已经很不容易了。

很多人都知道，我在书中经常提到多伦多大学，这不仅因为我家大女儿在多伦多大学毕业，我每年辅导的学生很多都出自多大不同的专业，还因为十多年前我"回流"加拿大，有机会参加多伦多大学的迎新活动，在那里认识了一个学生社团：Logos Fellowship，后来还参加他们每周校园聚会。我们是在《圣经》的话语里明白真理。我看到那里的孩子们从中学到大学一步步健康成长，他们有理想有想法，但最主要的是知道如何追求真理和梦想。知识会过期，需要不断更新，永恒的道理才是最重要的。这也是我鼓励留学生不要错过迎新活动的原因之一。趁着年轻，建立信仰。作为父母，在目前的环境中，随内心向善、阳光的一面引导孩子是非常重要的。他们面对一个变化无常的世界，才能保持淡定和明白的心态。留学的孩子健康成长，十分重要！这些都是我在写这本书时的最大心愿。

十多年前，我从自己作为三个孩子的父亲的经验出发，再加上帮助过不少低龄留学生和大学生的经历，完成了对加拿大留学全面性的实践和理念的"双重"探索。具体而言，一方面，我在加拿大，先后做过低龄留学生监护人，加拿大大学升学导师，以及研究生申请顾问，积累了一定的留学教育服务经验。另一方面，我对加拿大教育进行了系统性的学术研究，对中加教育的差异进行分析比较，并在国内先后出版了多本加拿大留学教育的著作。这些年，我们所有这些努力也得到了大家的认可。

本书能得到校友黄学昆、查强教授、大伟兄弟和好友彭彦的肯定并分别写下热情洋溢的推荐序，我深受感动。最后，借此机会，感谢一直支持我的所有人！